# 彌勒菩薩
## 慈心喜樂守護主

Maitreya

增加人際關係與給予快樂的能力。

守護我們喜樂平安、快樂吉祥。

清淨惡業、不墮於黑闇處。

得以出生彌勒淨土世界。

未來世值遇彌勒佛。

# 《守護佛菩薩》出版緣起

　　《法華經》中告訴我們，諸佛是因為一大事因緣，而出現在世間。這個大事因緣，就是諸佛幫助眾生開示悟入佛陀的知見，而臻至究竟圓滿成佛。

　　因此，諸佛出現在世間的主要因緣，就是要守護我們，讓我們能夠安住於生活中修持，最後如同他們一樣圓滿成佛。

　　人類可以說是所有六道眾生中，造作行為的主體，因此人間的發展，也影響了天人、阿修羅、餓鬼、畜牲、地獄等其他類別眾生的因緣方向。所以，在佛法中的教化，雖然傳及法界眾生，但最主要還是以人間為中心。

　　因此，佛菩薩們雖然化身為為量來度化眾生，但是守護人間還是根本的重點。佛菩薩們守護我們，當然是以法身慧命為主，讓我們能夠開啟智慧，具足大悲心，而圓滿成佛。

　　在修行成佛的過程中，佛菩薩們總是扮演著如同師父、師母、師長的角色來守護、教導我們，甚至會如同兄弟姐妹一般隨身提攜。讓我們不只在遇到災患憂難的時候，能息除災難、增加福德，進而更生起吉祥的喜樂；並且當我們一時忘失修從正法菩提、遠離善友時，也能時時回正守護著我們，讓我們遠離眾惡邪侵，體悟隨順正法，而趣向無上菩提。

其實不管我們生活在任何時間、任何處所、佛菩薩們都永遠的護念著我們、守護著我們，沒有一時一刻忘失我們這些宇宙的浪子。因為守護著人間、守護著我們，正是佛菩薩的大悲心懷，所自然流出的本願。

許多修行人時常提倡要憶念諸佛、修持念佛法門，這實在是最有功德及效能的法門之一。但是如果就真實的現象看來，其實諸佛菩薩是永遠不忘失的憶念著我們，而我們卻時常忘記念佛。

所以，當仔細思惟佛菩薩的願力、慈悲、智慧、福德時，才憶想起我們是多麼幸福，受到那麼多的祝福與護佑。如果能理解到這樣的事實，必然發覺到有無數的佛菩薩，正準備幫助我們脫離苦難而得致喜樂、消除災害、增生福德，並能夠修行正法，具足慈悲、智慧而成就無上菩提。

世間的一切是依因緣而成就，而在法界無數的佛菩薩中，有些是特別與人間有緣的。為了彰顯這些佛菩薩大悲智慧的勝德，也讓大眾能思惟憶念這些與人間有緣的佛菩薩，而感應道交，得到他們的守護。因此，選擇了一系列與人間特別有緣，並具有各種特德，能濟助人間眾生離災、離苦、增福、增慧的佛菩薩，編纂成《守護佛菩薩》系列，讓大眾不只深刻的學習這些佛菩薩的法門，並更容易的受到他們的吉祥守護。

祈願《守護佛菩薩》系列的編纂，能幫助所有的人，能

快樂、吉祥的受到這些佛菩薩的守護。而二十一世紀的人間
也能快速的淨化，成為人間淨土，一切的眾生也能夠如願的
圓滿成佛。

# 彌勒菩薩──序

　　彌勒菩薩是大乘菩薩中，喜樂慈心的代表。彌勒菩薩特重慈心，「慈」是能給予他人喜樂。其實「彌勒」漢譯即為「慈氏」，是彌勒菩薩的姓氏，而彌勒菩薩往昔亦以修持「慈心三昧」為其根本修行。

　　彌勒菩薩的信仰，無論是在中國或者是在印度，都是相當重要的。彌勒菩薩是一生補處菩薩，即將繼釋迦牟尼佛之後，在閻浮提（娑婆世界）下生而成佛，所以我們亦稱他為彌勒佛，是未來佛，也是娑婆世界賢劫千佛中的第五佛。

　　根據《彌勒下生經》記載，彌勒菩薩現在居住於兜率天，在內院弘法教化天眾；經過天壽四千歲約人間五十六億七千萬年之後，將會誕生在娑婆世界，在華林園龍華樹下成佛。並舉行三次度眾法會，轉妙法輪，此即有名的「龍華三會」。

　　因為彌勒菩薩是未來佛，是一切眾生的依怙，所以有很多人被傳述為彌勒佛的化身，其中在中國最有名的莫過於肚子大大的，隨身帶著一個布袋，笑口常開的布袋和尚，一般我們常見的彌勒佛即是布袋和尚的身相，笑口常開喜樂的體性與之非常相應。

　　依據《彌勒菩薩上兜率天經》記載，當佛陀滅度後，如果有行者稱彌勒菩薩的名號，此人能在生命終了時，得以出

生於兜率天；只要聽聞彌勒名字，命終之後不會墮於黑闇處，恆常生起正見；若歸依彌勒菩薩，當知是人於無上佛道得不退轉，於未來也將值遇恆河沙等諸佛如來。

現在為了讓所有的大眾深切體解彌勒菩薩，也希望深切信仰彌勒菩薩的修行大眾，能夠迅速得到彌勒菩薩的加持與教法。因此，我們特別編纂本書，讓大眾更貼近彌勒菩薩。

本書首先介紹彌勒菩薩的意義與形象，並講述彌勒上生兜率天與下生娑婆世界成佛的未來，以及其淨土世界。

接著說明如何祈請彌勒菩薩守護的方法，以及彌勒菩薩的修持法，如彌勒菩薩最重要的修持方法：「慈心三昧」等。

最後，在本書中選擇了有關彌勒菩薩的重要經典，讓讀者深入體解彌勒菩薩，更貼近彌勒的世界，獲得更殊勝的加持，迎接彌勒時代的到來。

在此，我們祈願所有讀者及修證彌勒菩薩教法的朋友，都能永遠慈心喜樂，不再有痛苦，共同圓證菩提。

南無　大慈彌勒菩薩摩訶薩

# 目　錄

《守護佛菩薩》──出版緣起……003

彌勒菩薩──序……006

**第一章　　認識彌勒**……013

　01 關於彌勒名號……017

　02 彌勒菩薩的形像……025

　03 彌勒菩薩的化身……037

　04 關於彌勒菩薩的信仰……055

**第二章　　彌勒過去、現在、未來的因緣**……067

　01 彌勒過去為賢行梵志的因緣……069

　02 彌勒上生率天……073

　03 經典記載彌勒菩薩當來成佛……077

**第三章　　彌勒菩薩的住處**……085

　01 彌勒菩薩現在的住處──兜率天……085

　02 彌勒菩薩下生的娑婆世界……091

**第四章　　如何祈請彌勒菩薩**……097

　01 修持彌勒菩薩的功德利益……097

　02 彌勒菩薩的每日修持法……105

03 彌勒菩薩的慈心觀……111

04 彌勒菩薩教授善財童子菩提心義……119

05 《彌勒菩薩所問本願經》的十法行……131

**第五章　　彌勒菩薩的重要經典……165**

01 《彌勒菩薩所問本願經》導讀……165

02 《彌勒菩薩所問本願經》……171

03 《佛說觀彌勒菩薩上生經》……191

04 《佛說彌勒下生成佛經》……209

# Maitreya

彌勒菩薩

慈心喜樂守護主——彌勒菩薩

# 第一章　認識彌勒菩薩

　　彌勒菩薩是未來佛，他能給予眾生圓滿喜樂，是慈心喜樂的守護主。

　　彌勒菩薩特重慈心，慈心是能給與他人喜樂。彌勒菩薩又被人稱為「未來佛」，因為他目前尚未成佛，現在正在兜率天中修行，等到時機成熟了，就會從天宮降生到我們這個娑婆世界，教導救渡這裏的人們。

　　相傳彌勒菩薩比釋迦牟尼更早發心，但是釋迦牟尼佛卻較早成佛。彌勒菩薩未來將繼釋迦牟尼佛之後成證佛陀，所以又被稱為一生補處菩薩、補處薩埵、彌勒如來。

　　彌勒菩薩現在所住的兜率天也是一個淨土樂園，他正在兜率天的內院弘傳教法，教化天眾們。相傳兜率天上有五百億天子，各以天福力，造作華麗宮殿，莊嚴兜率天宮，發願以此布施供養給彌勒菩薩。因此，也使得兜率天成為殊勝的國土。

　　依據《觀彌勒菩薩上生兜率天經》中，釋迦牟尼佛的開示，眾生如果願意隨從彌勒菩薩受教求法，都可發願往生兜率天。經中是如此記載的：佛陀告訴優波離，（中略）未來世中諸眾生等，聽聞彌勒菩薩大悲名稱，造立彌勒菩薩的形像，並且以香花、衣服、繪蓋、幢幡供養，禮拜繫念彌勒菩

# Maitreya

彌勒菩薩

中國的彌勒菩薩像（布袋和尚）

薩，當此人生命欲臨終了時，彌勒菩薩就會放射出眉間的白毫大人相光，與諸天子們雨下曼陀羅花，來迎接此人。

　　此人只須要須臾的時間即得前往出生於兜率淨土，值遇彌勒菩薩，以頭面來禮敬菩薩。當未舉頭時，便得以聽聞佛法，即於無上道得不退轉的境界，於未來世得以值過恆河沙等諸佛如來。

　　在經過兜率天的四千歲，也就是人間五十六億七千萬（一說爲五十七億六千萬）年之後，此時的時機恰好成熟，彌勒菩薩將降生到我們這世界，而且在華林園的龍華樹下成證佛果；並舉行三次的度生法會，轉妙法輪。這三次度眾法會，就是有名的「龍華三會」。

　　彌勒菩薩的信仰，在印度、中亞、中國、日本、朝鮮等地都曾經流行。我國晉代的道安、唐代的玄奘、現代的太虛，都是彌勒菩薩的信仰者；很多人也都希望下輩子能夠到兜率淨土出生，聽聞彌勒菩薩講經說法，然後與彌勒菩薩一起來到娑婆世界拯救眾生。

　　在中國，最常見到的是彌勒佛笑口常開、圓滾滾的造型，這種造型的由來是唐代末年的布袋和尚，他非常慈悲地度化眾生，弘化一生。在示寂時曾遺留下一偈：「彌勒眞彌勒，分身千百億，時時示世人，世人俱不識。」後世的佛教徒，乃以之爲彌勒菩薩的化身。所以，中國歷代有關彌勒菩薩的圖像，大多是以布袋和尚的造像爲依據所繪製而成。

**龍華樹**　又稱那伽樹、龍華菩提樹。學名 Mesua roxburghii Wigh 或 Mesua ferrea L.，屬金絲桃科之喬木，產於印度、孟加拉、印度半島東西兩側等地。其樹幹高大，似鐵刀木，平滑而直立；葉呈長橢圓形，厚且光滑，先端尖而下垂；花瓣有四，呈純白色，具有香氣；果實大如胡桃，呈橙色，內藏有種子。或謂其花枝如龍頭，樹枝如寶龍，種子出於龍宮，故名龍華樹。

# Maitreya

彌勒菩薩

彌勒菩薩將來成佛稱為彌勒佛

# 01 關於彌勒的名號

彌勒菩薩的梵語譯字「梅怛麗耶」Maitreya，巴利名為 Metteyya，西藏名 byam-po，又作梅怛儷藥、未怛唎耶、彌帝禮、彌帝麗、彌帝隸，或梅任梨，譯作慈氏。

當來下生，繼釋尊之後成佛的菩薩，所以又稱一生補處菩薩，補處薩埵或彌勒如來。

我們首先來探討在緣起上彌勒菩薩為何會稱為「彌勒」？在經典裡面，每一尊佛陀的命名都有其特殊的緣起，通常會與菩薩的特別願力、修法及特德有關。比如阿閦佛，阿閦是安定、不動、不瞋怒的意思，即是因為他發願永不瞋怒。

又如阿彌陀佛，他原是法藏比丘，後來因發願創造彌陀淨土，所以叫阿彌陀佛。當他成佛後，名字就改變了，但有些菩薩也沒有改變，像彌勒菩薩就是這樣的例子，將來他成佛之後也稱為「彌勒」佛。

## 「慈氏」的來源說法

「彌勒」中國話的意思就是「慈氏」，「慈」是給予喜樂的意思。為何彌勒菩薩會叫「慈氏」呢？經典裡有不同的記載，像《賢愚經》記載：在波羅奈國的波羅摩達王有一位

# Maitreya

彌勒菩薩

彌勒菩薩過去都是修習慈心三昧而成就

輔相，育有一個男嬰，相貌堂堂，具有三十二相好莊嚴，身為紫金色，姿容挺特。彌勒的母親原本脾氣很不好，很容易發怒，但是自從懷了彌勒之後，個性就產生很大的轉變，心境變得很柔軟、慈悲，所以稱彌勒為「慈氏」。

另一個典故是說彌勒的父親和母親的名字上頭都有「慈氏」這兩個字的緣故。

第三個典故是從過去的因緣來看，因為過去彌勒菩薩的修習，都是以「慈心三昧」而成就，所以名為「慈氏」。

在《賢愚經》卷十二記載：過去娑婆世界有個大國王叫曇（達）摩留支，（曇摩是法，留支是愛，曇摩留支就是法愛。）這時有一位名為「弗沙佛」的佛陀住世。在弗沙佛時期，有位比丘因為修習慈心三昧，在入定之中，放光普照。

這時國王就問佛陀說：「為何能有如此殊勝光明，放光照明一切？」

弗沙佛就告訴他：「因為入於慈心三昧的緣故。」

於是這位國王就很高興說：「這慈心三昧真是偉大啊！我要學習這個三昧，而且生生世世修習不絕。」

這位曇摩留支王就是慈氏菩薩，自他發心開始到現在常常發起慈心，久習成性，所以佛號「彌勒」。

此外，在《大日經疏》中記載，慈氏菩薩者，所謂佛教講的四無量心：慈、悲、喜、捨，就是以「慈」為首要，所以「慈」是從如來種性中出生，能令一切世間不斷佛家如來

慈心三昧　是從自心喜樂到親人朋友，甚至外境、整個宇宙法界都喜樂的方法。

019

# Maitreya

彌勒菩薩

彌勒菩薩是一生補處菩薩（印度　新德里國立博物館）

的種性。

## 一生補處菩薩

　　彌勒菩薩是「一生補處」的菩薩，未來將在娑婆世界成佛，而其他世界如觀世音菩薩，也是「一生補處」的菩薩，將在極樂世界成佛。

　　所謂「一生補處」是指菩薩階位的最高位，即等覺位。或譯作「一生所繫」，其義是因為經過此生的繫縛結束之後，即可補佛位之處，所以稱為「一生補處」，略稱為補處。

　　一般說來，此菩薩位還存有根本無明，還會遭受無常變易生死，所以名為「一生」；到最後斷除塵沙惑入於妙覺位，補前一位佛陀的位處，所以名為補處，而將此種菩薩名為「一生補處菩薩」。

　　此種說法主要是依據《佛說觀彌勒菩薩上生兜率天經》等經所說：「蓋彌勒菩薩今在兜率天，待其此生結束後，將降在娑婆世界補釋迦之佛處。」

## 阿逸多

　　在很多經典中，佛陀常稱彌勒菩薩為「阿逸多」（梵名Ajita）。在《大日經疏》中記載：阿誓擔（Ajitain），古來說是阿逸多，以此稱呼彌勒菩薩的名字，其義為「無勝」。

# Maitreya

彌勒菩薩

彌勒菩薩像

是指一切愛見煩惱乃至聲聞、緣覺二乘等都無有勝過者。

　　在《秘藏記》亦記載：彌勒名號爲阿逸多，梵語是阿史陀無惹耶，漢語譯爲無能勝。

　　以上是關於彌勒菩薩的各種名號。

# Maitreya

彌勒菩薩

布袋和尚形像的彌勒菩薩

## 02 彌勒菩薩的形像

在中國，我們最常見到的彌勒菩薩，常常是笑口常開、坦胸露著大肚子的彌勒造形。其實，彌勒菩薩當然有其基本的菩薩形像，此外，還有少見的三十臂彌勒像，以下分別介紹之。

### 布袋和尚形像的彌勒菩薩

布袋和尚的造相通常是笑口常開，袒胸露肚，挺著大大的肚子的出家造形。

在中國寺院中，天王殿中央的須彌壇上，大抵祀奉著布袋和尚。

通常中國傳統佛寺建築中，三門內的第一重殿，最前方的天王殿內，供奉著彌勒菩薩，彌勒菩薩像後供奉著韋馱天，面向北；東西兩旁則供四大天王。

在殿中供奉的彌勒菩薩像是布袋和尚的造形。由於其臨終唱偈：「彌勒真彌勒，分身百千億；時時示世人，世人俱不識。」於是後人都以為他是彌勒菩薩的化身為其塑像，供奉於天王殿正中。

在中國的白馬寺（相傳為佛教傳入中國時，最早建立的寺院）中，其最前的天王殿所供奉的本尊即是布袋和尚造像

# Maitreya

彌勒菩薩

布袋和尚群像

的彌勒菩薩。

　　日本隱元禪師模倣中國黃檗宗萬福寺而建築的宇治萬福寺，將明代中國寺院的建築樣式傳入日本；而且，由於范道生所造的彌勒菩薩像，連帶也將中國的布袋和尚介紹到日本。

## 菩薩形的彌勒像

　　菩薩當然有菩薩一般的基本造像，這些造像都是根據經軌的記載所造成。因此，依據不同的經典，同樣是彌勒菩薩亦有不同的形像示現，以下我們來看各經軌中記載的彌勒菩薩形像。

## 胎藏界曼荼羅中的彌勒像

　　在密教的胎藏界曼荼羅中，中臺八葉院四方所位列的四菩薩爲：普賢菩薩、文殊菩薩、觀自在菩薩與彌勒菩薩，這四位菩薩象徵坐於大日如來四方之四佛的因地。而彌勒菩薩位於東北方，代表北方天鼓雷音如來的因地。

　　彌勒菩薩在此的形像身爲肉色，頭戴著寶冠，寶冠中有卒都婆（佛塔），左手結施無畏的手印，右手持著蓮花，而花上有一個寶瓶。

　　在《八大菩薩曼荼羅經》及《大孔雀明王畫像壇場儀軌》所說的形像與之不同，彌勒菩薩身爲金色，左手執著軍持，右手揚掌向外，作施無畏印。在胎藏圖像及舊圖樣也是

# Maitreya

彌勒菩薩

胎藏界曼荼羅中臺八葉院

位於胎藏曼荼羅中台八葉院東北方的彌勒菩薩

依據此說法來繪畫出彌勒菩薩像。

## 金剛界曼荼羅中的彌勒像

　　彌勒菩薩在金剛界曼荼羅裡，則屬於賢劫十六尊之一，密教以賢劫十六大菩薩為賢劫千佛的上首，他們在金剛界曼荼羅九會中，位列於羯磨會、三昧耶會、供養會、降三世會等各輪壇外四方的十六尊菩薩。

　　就像在《金剛頂一切如來真實攝大乘現證大教王經》卷下記載：「繞輪壇四面，各一稱真言，安立賢劫位。真言曰：吽（引）吽（短）。賢劫千如來十六大名稱。先畫彌勒尊，次明不空見、一切滅惡趣、離一切憂暗，香象、勇尊、虛空藏、智幢，無量光、月光、賢護、光網尊。次畫金剛藏、無盡慧辯積、普賢大光明，及餘上首尊。」

　　此十六尊是在輪壇外四方各安四尊。其中，東方四尊是慈氏（彌勒）菩薩、不空見菩薩、除蓋障菩薩、除憂暗菩薩。南方四尊是香象菩薩、大精進菩薩、金剛幢菩薩、智幢菩薩。西方四尊是無量光菩薩、賢護菩薩、網明菩薩、月光菩薩。北方四尊是無盡意菩薩、文殊菩薩、金剛藏菩薩、普賢菩薩。

　　彌勒菩薩是安置於三昧耶會的東方北端，其造像是右手揚掌向外，作施無畏印，左手置於膝上。

　　《攝無礙經》的說法則是：彌勒菩薩身為白肉色，頂戴

# Maitreya

彌勒菩薩

彌勒在《八大菩薩曼陀羅經》中的造像

寶冠，左手持紫色蓮花，花上有軍持，右手摩膝，於寶蓮華的台座上結跏趺坐。

又《補陀落海會軌》記載：「東北慈氏菩薩頂上有妙寶冠，身相為白肉色，左手表「定」持著紫蓮花，花上有軍持，右手表「慧」摩膝相。一切妙瓔珞寶珠端嚴飾，為救世之身，安住於月輪大海。」

## 頂戴五如來寶冠的彌勒像

《慈氏菩薩略修愈誐念誦法》卷上「入法界五大觀門品」中，以慈氏菩薩為修愈誐曼荼羅的中尊，其形象如下：「身為白肉色，頭戴五智如來寶冠，左手執持紅蓮花，於蓮花上畫有法界塔印。右手大拇指押火輪甲上，其餘四指散舒，微屈風幢，有種種寶光，於寶蓮花上半跏坐，以種種瓔珞、天衣、白帶、鐶釧莊嚴。」

同書卷下「畫像品」記載：「首戴五如來冠，左手持蓮華，於華上置法界塔印。右手作說法印，結跏趺坐。」

其下又記載：「取一幅絹畫圓明，於圓明中心畫本尊慈氏如來，如結跏趺坐，如入三莽地形。有兩臂，又從手掌持一寶蓮華台，於蓮華台上畫颭嚕左曩佛塔，於佛塔上畫大日如來。通身寶光，皆從光中又化出諸佛世尊。如鉢羅諢佛母菩薩像，以諸佛為光，上下莊嚴一如前。」

《吽迦陀野儀軌》卷上記載：「次南方彌勒菩薩手持獨

# Maitreya

彌勒菩薩

彌勒菩薩三十臂像

鈷並三鈷，寶冠瓔珞莊嚴，好相具足，有妙蓮華座。」同書卷中又記載：「又作隨心曼荼羅，中央彌勒菩薩，左方法音輪菩薩，右大妙相菩薩。」

日本京都醍醐寺藏國寶本四家鈔圖像卷中，同東寺觀智院藏《諸尊圖像》卷上，《圖像抄》第五、《別尊雜記》第二十八、《覺禪鈔》彌勒、《阿娑縛抄》第百九個彌勒之卷等皆依此等經軌各描繪出彌勒菩薩的形像。

其他造像

除了以上經軌中所介紹的彌勒菩薩形像外，尚有彌勒菩薩半跏思惟像，手結思惟印、單足翹起，身相莊嚴，圓滿具足。此外，還有交腳彌勒菩薩像。

## 三十臂像的彌勒菩薩

有關三十臂的彌勒菩薩像在《慈氏菩薩略修愈誐念誦法》卷下「畫像品」記載，彌勒菩薩為三十臂像，又稱為最勝大三昧耶像。其身為金色，頂戴五智寶冠，面貌慈柔，所以又稱為慈生三昧耶像。

其中並描述三十臂彌勒菩薩的持物，它們分別是：左手蓮花上法界塔、蓮上七寶金輪、五股金剛、蓮上金剛羂索、寶幢幡、數珠、蓮上寶金剛、蓮上如來毫相、蓮上如來眼、如來耳根、如來口、蓮上如來臍、蓮上如意摩尼、如意寶

# Maitreya

彌勒菩薩

彌勒菩薩三十臂像

劍、蓮上寶師子、右手金剛拳，其頭指舒於右頰指、三股金剛杵、金剛鉤、寶螺、蓮上宮殿、蓮上羯磨金剛、蓮上法金剛、蓮上如來眉形、蓮上如來鼻、蓮上如來舌根、蓮上佛心印、蓮上如來馬陰藏、如意棒、如意寶鏡、金剛杵鐸等三十臂。以上三十手都是以金剛拳執寶蓮華，於蓮華上置印契，皆以繫天帶，光焰圍繞著。

　　此外，在《圖像抄》、《別尊雜記》、《覺禪鈔》、《阿娑縛抄》等也都各繪畫出三十臂彌勒菩薩的圖像。

# Maitreya

彌勒菩薩

彌勒菩薩像（2～3 世紀　巴基斯坦）

# 03 彌勒菩薩的化身

　　因為彌勒菩薩是未來佛，所以在很多人的心目中，彌勒佛宛如是我們未來的救世主。因此不斷會有人傳述他轉世，或以他的化身來自居，甚至演變成一種政治上的動作，引起很多的亂子，這樣的行徑把整個彌勒的精神都扭曲了，根本與彌勒的體性大相逕庭。

　　許多佛菩薩在大悲本願力的推動下，因應眾生需求的因緣，會乘其本願而化身到人間幫助眾生、化悟眾生，如寒山、拾得即為文殊、普賢菩薩的化身。

　　而在中國歷代傳說中為彌勒化身者，最有名的是布袋和尚與梁武帝時的傅大士。傅大士自號「雙林樹下當來解脫善慧大士」，而被認為是彌勒菩薩的化身。

## 傅大士

　　傅大士，齊明帝時東陽郡人。父親名為宣慈，母親王氏，建安四年五月八日生，少未讀書，常與鄉里人等網魚。每當網到魚時，卻又以竹籠盛之，然後將之沉入水中，竟然說：「想要離開就離開，想要留下便留下。」對於這樣的行徑別人都說他很愚痴。

　　梁天監十一年，大士十六歲，娶妻劉氏妙光，生有二個

# Maitreya
彌勒菩薩

彌勒菩薩像

小孩子。後來在稽亭壇下網魚時，遇到一位梵僧，僧人對他說：「往昔在毘婆尸佛前，我和你同時發願渡眾，現今兜率天宮中你所享用的東西都在，你什麼時候回去呢？」傅大士瞪大眼睛看著他。

僧人又說：「你試試看臨靠著水觀看影子！」傅大士低頭看見水中圓光寶蓋，頓悟了過去的因緣，於是拋棄漁具，帶著僧人歸返家中，請示修道的地方。

僧人便指著松山下雙檮樹說：「此地可以棲息修行。」於是結茅庵而居，自號為雙林樹下當來解脫善慧大士。

大士住在松山之下，開墾山地，種植蔬果。常有小偷來光顧，被傅大士看見了，他反而說：「你不必盜取，讓我給你採裝吧！」小偷便很高興的滿載而歸。或是為人幫傭，早出晚歸，如是苦行了七年。

有一天，坐禪時，忽然看見釋迦牟尼佛、金栗佛、定光佛三佛自東方而來。又看見金色光明自天而下，聚集在大士身上，從此大士的身上就飄出妙香，並聽聞到空中唱言：「成道之日，當代釋迦坐道場。」

不久之後，僧尼道俗四眾都來問訊作禮。郡守王烋，懷疑大士為妖妄，將他捉來囚禁了數十天，都不給大士飲食，結果也餓不死大士，只好放他回山。

傅大士回來之後，更加精進，遠近來皈依投靠他的人一天比一天多，而且還有天人，每日早上自空而降，隨喜行

# Maitreya

彌勒菩薩

彌勒菩薩像

道。

　　傳大士曾經對弟子們說：「我證得了首楞嚴三昧。」又說：「我得了無漏智。」大家聞聽後都說：「此三昧唯有在十地菩薩才有。」因此大家都認爲傳大士是十地菩薩示迹。

　　大士爲了化渡羣倫，首先渡化其妻子，幫助她發起菩提道心。而且把田宅全部都賣掉，設置齋會普供四眾。

　　這一年正好遇逢饑荒，傳大士設齋會之後，家中已無斗糧。傳大士便將其妻子賣身爲人幫傭，以供養大眾的道糧。而其妻妙光而沒有一句怨言，反而祈願一切眾生同得解脫。

　　於是同里的傅重昌以錢五萬將傳大士的妻子買回。傳大士得錢之後，便營設大會齋，並發願說：「弟子善慧，稽首釋迦世尊及十方三世諸佛，盡虛空徧法界常住三寶；今捨妻子，普爲三界眾生消災集福，滅除罪垢，同證菩提。」

　　幾個月之後，傳重昌爲傳大士的德行所感動，便遣送妙光回山。其妻自此爲人紡紗做工，從不稍事休息。

　　有一天，傳大士到他叔叔家中，自稱爲彌勒，特來教化，並告訴他的叔叔應當頂禮。他的叔叔聽聞此話，二話不說即作禮。後來，他又想去其叔祖孚公家中，他的妻子妙光便說：「叔祖一向不相信你，況且那有叔祖向小姪頂禮的道理；我看你還是不要去吧！」

　　傳大士聽了此話，便解開衣服祖露胸膛，發出金色閃閃，天香撲鼻。妙光仍然勸他不要去，大士不聽勸阻，就跑

**首楞嚴三昧** 梵語 sūraṃgama-samādhi，即堅固攝持諸法的三昧禪定境界。爲佛教主要的一百零八種三昧之一，乃諸佛及十地的菩薩所得的禪定境界，又作首楞嚴三摩地、首楞伽摩三摩提、首楞嚴定，意譯作健相三昧、健行定、勇健定、勇伏定、大根本定。

# Maitreya

彌勒菩薩

彌勒菩薩像

到他叔祖孚公家裏，要叔祖向他作禮。

　　叔祖說：「向你作禮？簡直豈有此理！」大士回山，其妻問說：「叔祖作禮沒有？」大士答道：「今天不作禮，明天管叫他一步一個禮！」

　　當天夜晚，叔祖夢見天人召之去叱責道：「你貢高我慢，不聽聖訓……」忽然又看到大士金相奇特，在空中飛翔。叔祖邊叫邊追；但見石壁橫空，大士與侍從等人直過無碍，可是叔祖卻過不去，醒來悲悔非常。天亮之後，便親自入山，看見大士便悲不自禁的哭拜於地。大士道：「我從兜率天下來，正為了迎接你們，知道就好。」叔祖孚公稽首願為弟子，依止大士修行，得身、語、意三業清淨。

　　大通三年時，傳大士與弟子等，於雲黃山的處所前，約十里方圓內開墾為精舍，種植麻、豆等穀物。等到秋季成熟時，有商人曇穎居士，前來布施其瀨里之地，大士便接受了。瀨里為山地林麓葱翠，其中猛獸特多，人多害怕。大士居之，以所餘的食物飼養牠們，從此猛獸變得非常馴伏。

　　大通六年，大士以身在雙林僻處，教化不夠廣大，於是想到皇宮中去宣揚正教，便派遣弟子傳旺前往奉書給梁武帝。武帝便詔令大士進京，先叫侍者將宮門全都鎖上，因為傳大士有他心通，已經預先知道此景況，於是做了大木鎚一雙，既到已，用木槌扣打一門，其餘的門全部都打開。傳大士直入宮殿，唱拜不拜。武帝問他：「大師事從什麼人

# Maitreya

彌勒菩薩

彌勒菩薩像

呢？」傅大士說：「從無所從，師無所師，事無所事。」

武帝是佛心天子，除了修寺、齋僧、寫經以外，還會宣講佛經。有一天，武帝昇於殿堂中講經，公卿大夫全部都起座禮拜迎接，只有傅大士端坐不動。大夫中丞便問他說：「大士為何不站起來？」傅大士則說：「法地若動，一切不安。」

大士在宮闕中安住了大約五個月，之後返還雲黃山。大同五年，再度入於京都。梁武帝聘請大士宣講《金剛經》，傅大士陞座按案一拍便下座。武帝看見此情景驚愕不已。誌公問帝：「陛下會嗎？」帝曰：「不會。」誌公道：「大士講經已畢。」（按此乃禪家提倡宗乘之機鋒轉語。因誌公入滅十餘年後士方見武帝）

有一天，大士頂帶頭冠披著衲衣、穿著靸履，武帝看到問：「是僧嗎？」大士以手指頭冠。帝問：「是道嗎？」大士以手指著鞋子。帝問：「是俗人？」大士以手指衲衣。此一問一指，好像猜啞謎、演雙簧一樣；但有誰知道這其中含有無量甚深的法味呢？因此至今在雙林寺塑的大士像——頭頂道冠，身著袈裟，足登靸履——便是從此緣起而建造的。

傅大士發起弘大誓願，廣渡眾生，於世壽七十三歲時入於涅槃。

傅大士入滅後，身肉的顏色沒有改變，形相端正潔淨。七日後，烏傷縣令陳鍾者來結香火緣，因取香火偏傳四眾，

# Maitreya

彌勒菩薩

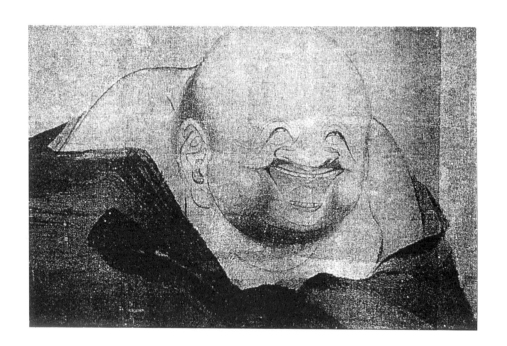

布袋和尚（宋朝　梁楷繪）

到大士身邊時，雖然傳大士已經涅槃了，但是竟然伸手起來接受供香。

## 布袋和尚

我們到寺院叢林所看到的彌勒佛，都是肚子大大的，帶了一個布袋，其實那是布袋和尚，相傳也是彌勒佛的化身。

其實在魏晉南北朝前，或者是在印度、西藏、日本，我們所看到的彌勒菩薩的身相，是與觀世音菩薩一樣，都是身相相當莊嚴，雙足垂下，手結轉法輪印，並沒有袒露胸腹、頂著大肚子在笑。

彌勒菩薩在中國後來變成布袋和尚的身相，其實是有特殊的因緣。

相傳浙江奉化有一位名為契此的和尚，他的俗家姓名及生平皆不詳，自稱為契此，又號長汀子。他的身材肥胖，挺著大肚子。常用竹杖荷擔一布袋在市鎮中行乞化，所得的東西，都貯藏於袋中，面帶笑容。無寺無家，到處走來走去，隨處偃臥整處而安。

由於他總是扛了個大布袋，所以人們稱他為「布袋和尚」。是一位與宋僧濟顛型態類似的佛門高僧。

相傳他曾經睡臥在雪中，而雪不沾身，平素往往能預知人吉凶、天候的晴雨。如果快下雨時，他就穿著濕的布鞋，如果旱災快要來了，他就穿木屐，居民觀察幾次後，看到他

# Maitreya

彌勒菩薩

布袋和尚像（明朝　陳洪綬繪　故宮博物院）

的舉動就知道天氣有何變化，都認為他的天氣預報很準。布袋和尚的教化行徑隨著因緣而有很多示現。

有一次，有位禪師走在布袋和尚前面，布袋和尚就在他背上摸了一下。那位禪師回頭看他時，他伸手說：「乞後一文錢。」

禪師說：「道得出，就給你一文錢。」他就放下布袋，叉手而立。

又有一次白鹿和尚來問他：「如何是布袋？」他就放下布袋。又問：「如何是布袋下事？」他就揹起布袋而去。

還有一次保福和尚問他：「何如是佛法大意？」他放下布袋叉手。保福又問：「為何如此，更有向上事否？」他便揹起布袋離開了。

又有一次他在街衢中站立不走，停了很久。有一禪師來問他道：「和尚在這裏作什麼？」他說：「等一個人。」那個禪師又說：「來了來了！」他說：「你不是這個人。」禪師又問：「如何是這個人？」他說：「乞我一文錢！」這都是布袋和尚以禪來隨緣教化。

當和尚在世的時候，有一位四明的亭長，他不但不言佛法，又以為布袋和尚顛瘋作態而無所事事，他看見布袋和尚就加以垢病屈辱，不僅如此，還將他唯一的布袋奪走放火燒掉！可是到了明天，又看到布袋和尚仍然揹著他的布袋走來走去，來去依舊。如此三次奪燒布袋，三次都是如此。因此

# Maitreya

彌勒菩薩

布袋和尚像（明朝　張宏繪　故宮博物院）

亭長甚為驚異，就不敢再焚燒布袋和尚的布袋了。

　　當布袋和尚圓寂，亭長就備置棺木，期以厚殮來救贖過去垢辱布袋和尚的罪業。雖然亭長有此意，但無論請多少人來舉棺，都無法將棺木舉起。另有一姓童的居士平素很敬重布袋和尚，他見此情景，就以另一個棺木更易之，舉者人雖少，卻輕的如羽毛一般，觀看者稱奇，於是為布袋和尚建塔於封山之原。

　　布袋和尚於後梁・貞明二年（公元九一六年），在奉化嶽林寺東廊端坐示寂。他入滅時還有一段故事，福建莆田縣令王仁煦居士，在江南天興寺遇見布袋和尚，後來在福州官舍又看到和尚，見面時和尚從懷中取出一封圓書，交給王縣令道：

　　「我如七天不來，你就把它拆開來看。」仁煦依言，過了七天，未見其來，就如約開拆看時，只有四句偈語：

　　「彌勒真彌勒，化身千百億；

　　　時時示世人，世人俱不識。」

　　因此，世人才認為布袋和尚是彌勒菩薩的化身。

　　由於布袋和尚很符合中國人的一種幽默感覺——心寬體胖；而「笑口常開，笑天下可笑之人。大腹能容，容世間難容之事。」的對句更符合中國人的一種喜樂感受。而且大慈法門是一切法都是以慈與喜樂的方式來展現，所以布袋和尚的身相、喜樂的體性就易與大慈法門相應。

# Maitreya

彌勒菩薩

布袋和尚像

　　正因為布袋和尚能與大慈法門相應，所以我們到達寺院前，都會看到這位有著圓滾滾大肚子的彌勒佛，他笑口常開，喜眉善目，把我們的愁惱笑開了，讓我們容盡一切難容之事。

# Maitreya

彌勒菩薩

西元三世紀犍陀羅式的彌勒菩薩與其隨從
（柏林國立博物館——普魯士文化資產，印度藝術博物館藏）

## 04 彌勒菩薩的信仰

　　無論在中國或者是在印度，彌勒菩薩的信仰，都非常重要。以未來佛——彌勒菩薩為信仰對象，原成立於印度，後來流行於東南亞、東亞各民族。

　　一般相信彌勒菩薩現在兜率天上為諸天眾說法，將在釋尊入滅五十六億七千萬年後，自彌勒淨土（兜率天）下生於娑婆世界，然後在龍華樹下成道、說法三會，濟度釋迦牟尼佛教化中被遺漏的有緣人。

　　彌勒佛的信仰起源很早，大、小兩乘經典均有此說，但是傳到中國、日本的，主要是大乘佛教的信仰。彌勒思想流衍的程度，早期與彌陀、藥師並提，一時呈現出非常蓬勃的信仰盛況。

　　彌勒信仰約在佛元九世紀開始（約西元四至五世紀），在西北印度盛行，逐漸流布於中亞各國。在中國自晉朝至元魏時代，信仰頗盛。

　　但到後來，彌陀淨土興起成為淨土信仰的主流後，彌勒信仰逐漸衰微。惟無論彌陀或彌勒，在大乘佛教中同是有力的思想信仰，應是無庸置疑的。

　　在彌勒菩薩信仰中，雖然同樣尊崇彌勒菩薩，卻分歧成兩種的傾向。其中之一，因菩薩現今於兜率天說法度生，所

# Maitreya

彌勒菩薩

北魏交腳彌勒像（北魏雲崗石窟）

以，我們亦可上生彼天而得其化益，這是依據《觀彌勒上生兜率天經》的說法為主。特別是在中古的一部分學者主張彌陀淨土為報身淨土，凡夫不可往生，而兜率淨土則是在三界欲天之內，所以吾等凡夫較易於往生。上生兜率的信仰，曾與往生西方的思想同時盛行。尚且，當時求生兜率的同時，有兼而思願往生西方，所以也有兼記上述兩願的願文者。

另一說法是菩薩經過五十六億七千萬歲，兜率天壽數竭盡時，再度下生於吾人所居的閻浮提世界，於龍華樹下成道，說法三會，度盡與釋迦牟尼佛的教法結緣的眾生，吾等從今而後積聚善根，於其時必然得以受到彌勒菩薩的度化，此即期待龍華三會的信仰。這是基於彌勒三經中，《彌勒下生經》的說法。彌勒菩薩信仰雖然可以分為上生、下生兩種，但實際上不須作此區別，因為凡是參與彌勒菩薩法會者，皆能得到解脫。

彌勒信仰在早期印度很盛行，因彌勒菩薩是「一生補處」的菩薩，已瀕臨佛境，事實上是成等覺的究竟菩薩，所以很多印度的祖師大德，常入定去向彌勒菩薩問法。

## 中國的彌勒信仰

在中國，彌勒信仰原本是很流行的，但是後來和彌陀信仰產生衝突，因此信仰彌勒的人就少了很多，因為他們認為彌陀信仰較為殊勝；但是近代的太虛大師還是主張往生到兜

# Maitreya

彌勒菩薩

■ 中國彌勒信仰的重要高僧

窺基

玄奘

率淨土，因爲他認爲到兜率淨土可能比較容易。

在中國最早的彌勒信仰的重要高僧是道安，道安和鳩摩羅什是同時代的人物，在鳩摩羅什未到中國之前，就曾聽聞「東方聖人」道安這個人。道安發願死後要到兜率天親見彌勒菩薩，後來道安往生時就是到兜率天去了。

另外在中國還有一個彌勒菩薩的信仰系統，最著名的就是玄奘大師和窺基大師。

玄奘大師早期奔波到西域取經，回來時幾乎都在譯經，一生中打坐的時間很少，尤其他在往西域的途中，患了很嚴重的風濕，所以根本無法盤腿。

一般會認爲沒有好好打坐，就沒有眞實的修行，其實這是個錯誤的觀念，因爲當他在翻譯經典時，所有意識都在思惟經典的內容，也就是般若智慧，所以意識中不好的念頭都已經清淨了，這就是他的修行，因此他入滅時還是能往生兜率淨土。

在中國彌勒信仰雖很盛行，許多巨大的佛像都是彌勒菩薩，但是卻受了很大的扭曲，尤其是以彌勒菩薩的下生來做一種政治的宣傳，將彌勒信仰與民眾對政府的抗爭運動相結合而發展。中國民眾深信彌勒下生時，人間得以實現理想政治。因此，當自然災害或暴政促使民眾生活陷於窮困時，便有人利用此一信仰，以彌勒之名，將民眾組織起來對統治者進行政治對抗。所以爲政者都視此爲邪教、叛亂而加以禁

# Maitreya

彌勒菩薩

北魏交腳彌勒像（敦煌石窟）

抑。

　　北魏時代（三八六～五三四）大乘教徒之亂，是宗教抗爭事件的發軔，而以彌勒之名爲亂的事件，則開始於隋代大業九年（六一二）河北的宋子賢。自稱爲「彌勒出世」的宋子賢，擅長於幻術，曾於夜間利用光線使佛陀的形像顯現在樓上，並預先在紙上畫好蛇或其他動物，再於民眾照鏡時使該動物形像映現在鏡中，以此作爲民眾罪業的證據，用此來獲得民眾的歸依。但此人在舉兵之前，即事發被殺。同年陝西扶風的沙門向海明，以得一吉夢蠱惑人心，自稱爲皇帝，新立年號，然而後來也被鎮壓。

　　此外，雖然並無實際叛亂行動，但卻利用彌勒信仰及讖緯說而取得政權的，當推則天武后。武則天以薛懷義等人僞撰的《大雲經》中有「則天是彌勒佛下生、閻浮提之主」之語，而即位爲帝。唐玄宗時，貝州（河北省）王懷古也以「新佛」下生，妖言惑眾。唐末時，四川也有人成立秘密教團「彌勒會」。

　　五代時，布袋和尚被視爲彌勒化身，民間不斷地描繪其圖像，流傳至今遂以布袋形像當作彌勒佛像。

　　北宋仁宗（一〇二三～一〇六三）時，貝州發生王則之亂。他鼓動彌勒會教徒叛變，自稱東平郡主，立國號爲安陽，年號得聖，然在六十多天之後即被平定。該案之連坐眾犯中也有官員，由此可見當時彌勒教滲透之深。

■ **日本彌勒信仰的重要高僧**

空海

　　空海大師為日本密教的開創者，曾經到中國求法三個月，具足一切密教教法，回到日本之後，將所傳承的中國密教廣大地在日本弘揚。

　　空海大師入滅後，還是繼續其弘揚佛法的大願，他發願「入定留身」，此肉身現存於日本高野山，使後人見了產生無比的信心。

空海主張以高野山為未來的彌勒淨土

南宋時白蓮宗成立，後與彌勒教合併，稱爲白蓮教，繼續存在於元末紅巾之亂，以及明清時代的民眾叛亂中。

其他國家的彌勒信仰，除了中國之外，朝鮮半島也有同樣的事例，尤其是十九世紀末葉的社會動盪不安期間，彌勒下生的信仰更加興盛，因而形成新宗教運動的樞紐。又，新羅的「花郎」也受到彌勒信仰的影響。

## 日本的彌勒信仰

日本的彌勒信仰，是經由中國、朝鮮半島而於西元六世紀傳入。最初雖深受百濟彌勒信仰的影響，但不久即成爲民俗信仰。

從彌勒信仰的一般性發展看來，首先成立的是「下生」信仰，其次才發展成「上生」信仰。可是，在日本佛教史上，接受彌勒信仰的貴族社會，是以上生信仰爲發端的。這可能是因爲下生信仰中對未來的期望，與貴族個人性的信仰不相容的緣故吧！

眞言宗空海大師所提倡的彌勒信仰是彌勒下生的另一類型。他主張以高野山爲未來的彌勒淨土，眾生可在當地入定，以待彌勒出世。眞言宗因與民間信仰接觸，乃使彌勒信仰廣傳日本各地。

特別是十五至十六世紀，東日本鹿島地方的彌勒下生信仰極爲興盛。在這種背景下，一般人相信「彌勒之舟」將從

# Maitreya

彌勒菩薩

彌勒菩薩

太平洋彼岸來到鹿島地方。

　　江戶時代「富士講」的教祖身祿，是一位以實現「彌勒世界」爲目標的修行者，也是近代大本教等新宗教運動的嚆矢。

# Maitreya

彌勒菩薩

## ■ 彌勒菩薩以四事不取正覺

彌勒菩薩以四事不取正覺：「一者淨國土，二者護國土，三者淨一切，四者護一切」。以這四事是一雙一對，一是嚴淨國土的問題，一是度化眾生的問題。

而嚴淨國土的問題又分為兩個：一個是自淨國土，即是清淨一切國土，清淨諸佛國土，清淨自身未來國土。另一個是護持守護這國土。前者是修建的過程，而後者是守護的過程。

在度眾生的問題上，也分為二，即是清淨一切眾生，使一切眾生成佛，及護持一切眾生，使其安穩成道，菩薩以此四事而不速取正覺。

# 第二章　彌勒菩薩過去、
# 現在、未來的因緣

　　彌勒菩薩為一生補處菩薩，現在於兜率天教化天眾與菩薩，盡其一生之後，將到人間成佛，是未來的彌勒佛。

　　彌勒菩薩現在居處於兜率天，教化菩薩眾與天眾，盡其一生之後，即將到人間成佛。彌勒菩薩在修習菩薩行時，有「不修禪定、不斷煩惱」的特性。因為他在證成菩薩道的德目中，特別著重於布施、持戒、慈悲與智慧。

　　彌勒菩薩證得無生法忍雖是久遠之前，但至今為何尚未成佛？經中世尊告訴阿難，是由於「菩薩以四事不取正覺」。四事是指一清淨國土，二守護國土，三清淨一切眾生，四守護一切眾生。彌勒菩薩為了教化眾生與莊嚴國土的四事，精勤修持菩薩行，而不迅速證得佛果。

　　由此可見有的菩薩不取正覺，並不是因為他們的行為有所差錯，而是願力的緣故啊！

# Maitreya

彌勒菩薩

如果我當來之世能得致法身如同如來，

如來應當會跨過我身上。

彌勒菩薩為賢行梵志的因緣

# 01 彌勒菩薩為賢行梵志的因緣

彌勒菩薩在過去世中為賢行梵志時，由於看見炎光具響作王如來的殊妙身相，心中產生景仰欽信之心……

在過去世十無央數劫以前，當時有一位佛陀號為炎光具響作王如來、無所著、等正覺、今現在成慧行、安定、世間父、無上士、導御法、天上天下尊、佛、王中天。

當時，有一位梵志長者的兒子名為賢行，有一天，當他從園觀出來時，就遙見在經行中的如來，看見如來的身色光明，光耀變化無窮。

看這情景，心中想著：「實在是太好、太殊勝了！如來的身相真是不可思議，巍巍如是，光色妙好，威神照耀，以吉祥的德性來莊飾。祈願我以後當來之世，也能夠獲得此身具足如是的光色，威神照耀，以吉祥的德性來自莊飾。」

心中作了這樣的祈願後，便將身體伏在地上，心中審念著：「如果我當來之世能得致法身如同如來、無所著、等正覺者，如來應當會跨過我的身上。」

這時，世尊炎光具響作王如來，了知賢行的心意，便越過他的身上。

正當越過其上已，便得致無生法忍的境界。於是佛陀還

**無生法忍**　無生是指諸佛法身實相是空的，並沒有真實的生滅現象，而諦認無生無滅之理，並安住且不動心。又作無生忍、無生忍法、修習無生忍。

# Maitreya

彌勒菩薩

彌勒菩薩半跏像（中國　西安　寶慶寺）

回頭告訴侍者說：「我之所以跨越過長者子梵志賢行身上，即時令他得致無生法忍，眼能洞視具足天眼通，耳能徹聽具足天耳通，知他人心中所念具足他心通，自知所從來生具足宿命通，身能飛行具足神足通，五種神通完全具足。」

　　這是彌勒過去生爲長者的兒子梵志賢行的故事。

# Maitreya

彌勒菩薩

彌勒菩薩在兜率天演說不退轉法輪之行

## 02 彌勒上生兜率天

　　在《彌勒上生經》中，記載著彌勒菩薩上生兜率天的情形。

　　彌勒菩薩先於波羅㮈國的劫波利村，在波婆利大婆羅門家出生，到壽命終了時，還至本生處結跏趺坐，入於寂滅定，其身為紫金色，光明豔赫如同百千的太陽，上生至兜率陀天（兜率天），菩薩的身舍利如同鑄金像不動不搖，身相的圓光中有首楞嚴三昧、般若波羅蜜等字義炳然顯現。

　　這時，諸人天眾們立即架起眾寶的妙塔供養舍利。當時，兜率陀天七寶臺內摩尼殿上師子床座忽然化生，彌勒菩薩於蓮華上結跏趺坐，身如閻浮檀金色，長十六由旬，三十二相、八十種好皆悉圓滿具足，頂上肉髻髮紺瑠璃色，釋迦毗楞伽摩尼百千萬億甄叔迦寶以莊嚴其天冠，其天寶冠有百萬億色，一一色中有無量百千化佛，諸化菩薩以為侍者，復有他方諸大菩薩作十八變隨意自在住天冠中。

　　彌勒眉間有白毫相光，流出眾光作百寶色，三十二相一一相中有五百億寶色，一一好中亦有五百億寶色，一一相好豔出八萬四千光明雲，與諸天子各坐花座，晝夜六時常宣說不退轉地法輪之行，經一時中，成就了五百億天子，令他們皆不退轉於阿耨多羅三藐三菩提，如是處於兜率陀天中，晝

# Maitreya

彌勒菩薩

彌勒菩薩半跏像（6世紀　北齊）

夜恒常宣說法要度化諸天子。

　　當閻浮提的時間五十六億萬年之後，此時時機成熟，於是下生於閻浮提（娑婆世界），如同《彌勒下生經》所說。

# Maitreya

彌勒菩薩

彌勒下生變相圖

# 03 經典記載彌勒菩薩當來成佛

## 彌勒授記成佛

　　彌勒菩薩是一生補處菩薩，將來當在我們現在身處的娑婆世界成佛。

### 授予金縷衣的故事

　　有關彌勒當來成佛的說法，在很多經典都有提及，如《賢愚經》的經文中記載，佛陀當時應淨飯王的邀請，與大眾回迦比羅城。

　　姨母摩訶波闍波提親自作了一件金色氎要供養給佛陀。但是因為佛陀敕令她應該布施給眾僧，所以順序依次持之，但在行走僧眾之中，卻沒有人來取。最後只有彌勒接受，而且不久之後，並穿著其衣入於波羅奈城。

### 穿珠衣的故事

　　又，曾有一位穿珠師，為了聽聞彌勒說法，放棄可得幾十萬的穿珠業而來供養彌勒。其妻憤怒而嫌責怪他的夫婿，彌勒便伴隨他，一同來到精舍，眾僧請問穿珠師所獲得的利益。

# Maitreya

彌勒菩薩

交腳彌勒菩薩像（5 世紀　北魏）

憍陳如答：「十車金亦不及供養菩薩及聞法功德。」阿那律則說：「即使得閻浮提金，亦不及供養菩薩及聞法功德。」

佛陀對阿那律說過去的因緣，亦宣說未來的記事。未來當人壽八萬四千歲時，勝伽（Saṅk Na）轉輪王出世。有一位名為彌勒的婆羅門小孩，出家學道，三會說法，廣度眾生。當時，彌勒發願將來成就為彌勒如來。其法會中又有名為阿侍多者，他也發願未來成為彼轉輪王。佛陀授予彌勒當來成佛的授記，而成佛之後亦不改名字，常字號為彌勒。

其中的彌勒受衣及穿珠師聽法的故事，在《雜寶藏經》第五中，有大愛道施佛金縷織成衣及穿珠緣的記載，但是沒有描述彌勒授記的事跡。

《大毘婆沙論》第一百七十八也引用此經，云：「氏多求世間輪王位，故佛訶之。慈氏求出世法輪王位，故佛讚之。」此經雖未提到摩訶波闍波提及穿珠師之事，但舉優婆離的往昔因緣，又說授予金鏤衣之事，但由此判斷，可知所說的是與原本屬同一故事。

## 彌勒下生人間

在《觀彌勒菩薩上生兜率天經》主要是說明彌勒住在兜率天宮的情形。上生兜率天信仰的流行，也是依據此經而

**憍陳如**　佛教五比丘之一，是釋迦牟尼僧團第一位證阿羅漢果的僧侶，為僧團中最長老，常居上位。

**阿那律**　阿那律是佛陀的堂弟，是佛陀弟子中天眼第一。其曾以一缽稗子飯供養辟支佛之因緣，九十一劫，不受貧固，世世無所匱乏，而得無貧名。梵語「阿那律」，中文意思即為「無貧」。

**大愛道**　大愛道是釋迦牟尼佛的姨母，曾帶領五百位釋迦族的女子剃除鬢髮出家為尼，成立了佛教最初的女性僧團。

# Maitreya

彌勒菩薩

## ■ 龍華三會

　　「龍華三會」的意義，須從彌勒佛將來下生娑婆世界的關係上來說明。因為彌勒佛當來下生成佛，是在龍華樹下，就好像現在的釋迦牟尼佛在菩提樹下證得佛果一樣。這龍華的枝幹高大如同大龍盤於空中，而且能夠開出燦爛的華朵，結出豐碩的果實。

　　這三會亦相似於釋迦牟尼佛的三轉法輪。轉第一次法輪，是值遇彌勒佛聽經聞法授記度脫者，是為龍華初會；經若干時期，有若干眾生，又聞彌勒佛說法而得超凡入聖者，是為龍華二會；到最後一會，則大轉法輪，凡為彌勒佛所度之機，皆度盡無餘，是為龍華三會。

　　其實，彌勒佛當來下生人間說法何止這三次呢？不過是指大會而言，其第一大會度脫人天無量眾生，乃至第三大會亦度脫人天無量眾生。從這第一、第二、第三會中，由聽聞正法、依教修行、而得證果的無量無邊眾生，是謂龍華證果。

來。

　　彌勒下生成佛則是當彌勒菩薩結束了兜率天的壽命四千歲之後，下生到人間成佛。這期間相當於人間的五十七億六千萬年之後。這時的人類壽命已增加爲八萬四千歲（或八萬歲），而且國土變爲清淨且豐樂。

　　在《彌勒下生經》中，即述說著彌勒菩薩未來下生成佛的事蹟。

　　經中記載將來久遠時，彌勒將於人壽八萬四千歲時，下生人間，此間閻浮提（娑婆世界）的大地將變得平整如鏡子一般，土地豐熟肥沃，人民熾盛，街巷成行，伏藏自然發現諸多珍寶，當時的氣候和適宜人，四季時節調順，而且人們的身體沒有眾多的病患，人心都均平，皆同於一心意，言辭同於一類無有差別對待。

　　當時傳說有一位轉輪聖王出現，統治著翅頭城，以正法治化人民，王有一位大臣，名爲修梵摩（Brahmāyu）；其妻子的名字爲梵摩越（Brahmavati）。

　　當時彌勒菩薩於兜率天觀察其投胎的父母，就選擇了他們二位，他父母的年齡不老不少，從兜率天下降入於母胎中，自右脅出生，就如同釋迦牟尼佛的出生一般，他的身體爲黃金色，具足三十二相八十種好。後來，年紀稍長，出家學道，在翅頭城華林園中龍華樹下成道。

　　然後在三次大會上演說佛法。在摩竭國界毘提村中雞足

# Maitreya

彌勒菩薩

彌勒來迎圖

山上，自摩訶迦葉手中受釋尊咐囑的僧伽梨著之。初會說法度化九十六億人，二會說法，度化九十四億人，三會說法，度化九十二億人，令皆得阿羅漢果，這就是有名的「龍華三會」。

　　《彌勒來時經》、《彌勒大成佛經》、《彌勒下生成佛經》等也舉出同樣的說法。其中，記載彌勒菩薩自摩訶迦葉手中，受釋尊咐囑的僧伽梨一事，在《大毘婆沙論》第一百三十五、《大智度論》第三、《阿育王傳》第四等也有傳說，此與《賢愚經》等所說的金色衣授受的說法相通。此外，還有很多其他不同的經典，都記載著彌勒菩薩將來下生人間成佛的事蹟。

# Maitreya

彌勒菩薩

■ 天

天（梵語 deva），音譯為提婆；意譯為天界、天道等；是指六道之中的天道。梵語 deva 有天上者或尊貴者的意思。

天界眾生所居住的處所，可分為欲界、色界、無色界，而欲界有六天，色界有四靜慮處十七天，無色界有四處，共有三界二十七天。

欲界六天又稱為六欲天，此界的眾生因為有淫欲、食欲二大欲，因此稱為欲界天。以地點來說，欲界上自六欲天，中自人界之四大洲，下至無間地獄。

在佛教的宇宙觀中，我們這個世界是無量世界中的一者，以須彌山為中心。其中四天王天在須彌山之半腹，忉利天在須彌山之頂上，所以此二者稱為地居天。兜率天以上住在空中，所以稱為空居天。

色界諸天在欲界之上。此界由禪定之淺深粗妙來分為四級，稱為四禪天。此界有身形有宮殿。

無色界，此界無身形無宮殿，只是心意識的或相續或靜止，亦可說是在禪定中。其中有四：空無邊處、識無邊處、無所有處、非想非非想處。

# 第三章　彌勒菩薩的住處

　　彌勒菩薩是未來佛，現在居住於兜率天，未來下生娑婆世界，當時的世界平安快樂，沒有盜賊災難。

## 01 彌勒現在居住的世界——兜率天

　　彌勒菩薩是一生補處的菩薩，他住在娑婆世界的兜率天，在釋迦佛法會中，親蒙授記成佛——盡其一生之後，即將到人間補釋迦牟尼佛處而成佛。

　　兜率天在佛教的宇宙觀中，是屬於欲界的第四層天，在此天的人，多於自己所感受，而出生喜樂知足的心。此天在夜摩天上十六萬由旬，距大海三十二萬由旬，於虛空密雲上，縱廣八萬由旬。

　　兜率天的一天等於人間四百年，他們的壽命為四千歲。

　　由於兜率天的壽量與菩薩成佛的時間，及南瞻部洲的人具足佛陀善根業的成熟時間相當，因此彌勒菩薩在此天受生，現在在兜率天內院弘法，教化菩薩眾與天眾。

　　兜率天是個很特殊的天界，分成內院與外院。外院是天

# Maitreya

彌勒菩薩

■ 三界二十七天

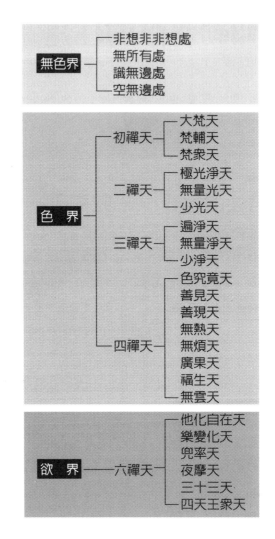

無色界 ┬ 非想非非想處
　　　　├ 無所有處
　　　　├ 識無邊處
　　　　└ 空無邊處

色　界 ┬ 初禪天 ┬ 大梵天
　　　　│　　　　├ 梵輔天
　　　　│　　　　└ 梵眾天
　　　　├ 二禪天 ┬ 極光淨天
　　　　│　　　　├ 無量光天
　　　　│　　　　└ 少光天
　　　　├ 三禪天 ┬ 遍淨天
　　　　│　　　　├ 無量淨天
　　　　│　　　　└ 少淨天
　　　　└ 四禪天 ┬ 色究竟天
　　　　　　　　　├ 善見天
　　　　　　　　　├ 善現天
　　　　　　　　　├ 無熱天
　　　　　　　　　├ 無煩天
　　　　　　　　　├ 廣果天
　　　　　　　　　├ 福生天
　　　　　　　　　└ 無雲天

欲　界 ── 六禪天 ┬ 他化自在天
　　　　　　　　　├ 樂變化天
　　　　　　　　　├ 兜率天
　　　　　　　　　├ 夜摩天
　　　　　　　　　├ 三十三天
　　　　　　　　　└ 四天王眾天

界，內院是淨土。凡是當來下生成佛的，都先出生在兜率內院，從前釋迦牟尼佛也是在此處修行，然後下生到娑婆世界成佛。

《觀彌勒菩薩上生兜率天經》敘述彌勒上生此天時的情景。當時有五百萬億天子，為一生補處菩薩化作五百萬億寶宮，並為彌勒菩薩打造善法堂，從額上自然化出五百億寶珠，具足琉璃玻璨一切眾色，如紫紺摩尼一般表裏映徹，摩尼光迴旋空中，化為四十九重微妙寶宮，又化作五百億天女，自然執樂器，競起歌舞，所詠之歌皆演說十善、四弘誓願，諸天聽聞者，無不發起無上道心。

由於彌勒菩薩在兜率天之內院說法，因此佛教界也有往生兜率天親聆彌勒教化的思想，此謂「兜率往生」；又因兜率天在人類的上方世界，因此又稱為「兜率上生」。這是往生彌陀淨土之外的另一種往生思想。其論典所依據的是《彌勒上生經》。

能往生兜率天外院的，不見得能往生內院，如果與彌勒菩薩無緣，或是未修習到兜率天的法門，往生時還是會到外院。

古代的大德就有這種例子，修持境界很高，很可惜修持因緣不具，結果就修到外院去了。譬如學習彌勒法門的師子覺，發願求生兜率內院，結果出生在外院，享受欲樂。

中國東晉的道安及其弟子法遇、曇戒；唐代的玄奘大

# Maitreya

彌勒菩薩

彌勒淨土變相圖（敦煌第 148 窟）

師、窺基大師等人皆曾立下誓願往生兜率淨土。

　　太虛大師指出兜率淨土有三個殊勝之處：

　　(1)十方淨土有願皆得往生，但何方淨土與此界眾生最為有緣，則當未易知。彌勒菩薩一生補處，以當來於娑婆世界作佛，教化此土眾生，特現兜率淨土與此界眾生結緣，所以應當發願往生兜率淨土親近彌勒。

　　(2)兜率淨土同在娑婆，同在欲界，變化淨土在同處同界，即與此處此界眾生有殊勝同緣，最易得度。他方淨土泛攝十方眾生，而此專攝此土欲界眾生。

　　(3)彌勒淨土是由人上生，所以其上生是由人修習福德成辦，即是使人類功德事業增勝，社會進化，成為清淨安樂的人世間；因此可以提早感得彌勒下生成證佛果，亦即為創造人間淨土。

# Maitreya

彌勒菩薩

## ■ 娑婆世界

我們現在所居住的世界叫娑婆世界。「娑婆」梵語 sahā，是堪忍的意思，因為這世界的眾生安於十惡，特別能忍受諸煩惱，所以叫堪忍。我們這世界是各種雜惡交會，如三惡、五趣雜會在這裡，各種壞事都會在這裡發生。

目前娑婆世界仍然屬於釋迦牟尼佛教化的時代，大家正努力準備彌勒佛時代的來臨。

彌勒淨土變相部分（敦煌第 72 窟）

# 02 當彌勒下生時的娑婆世界

　　彌勒菩薩是未來佛，目前正居於兜率天，在那兒教化著彌勒菩薩與天人眾，為一生補處菩薩，盡其一生之後將降生於娑婆世界，但是那個時候的娑婆世界和現在我們所居住的世界，大大的不同。

　　根據《佛說彌勒下生成佛經》的記載當四大海水漸減少到三千由旬時，娑婆世界地長十千由旬，寬廣八千由旬，大地平坦如同鏡子一般，名貴的花朵、柔軟的綠草遍覆大地，各式各樣種種的樹木華果茂盛，樹木大都長的很高大，高約三十里，城邑排列整齊。此時人們的壽命長達八萬四千歲，具有智慧、威德、色力，心情安穩快樂，只是仍然俱有三種病患，一是大小便利，二是飲食的習慣，三是衰老的現象。女人年至五百歲時，才到達適婚的年齡。

　　那時，有一個大城名為翅頭末，長十二由旬，寬廣七由旬，端嚴殊妙莊嚴清淨，具有福德之人充滿其中，因為福德之人眾多的緣故，所以生活豐樂安隱。其城七寶上有樓閣，戶牖、軒窗皆是眾寶所成，真珠羅網彌覆其上；街巷、道陌寬度有十二里，皆掃灑清淨。

　　在此，有一位大力龍王名為多羅尸棄，它的池子靠近此城，龍王宮殿就在此池中，常於夜半時分，降下微細雨來淹

# Maitreya
彌勒菩薩

彌勒下生經變相（敦煌第 55 窟）

蓋塵土，大地潤澤就譬若油料塗過一般，行人來往都沒有塵土，非常的乾淨。

在那時代，由於人民福德廣大的緣故，巷陌處處都是明珠製成的柱子，全都高約十里，其光明照耀通天明亮，白天與夜晚幾乎都沒有差別，不再需要燈燭的光明。城邑舍宅及諸里巷，甚至都沒有細微的塵土，純一色都是以金沙舖覆大地，處處皆有金銀寶石。

有大夜叉神名為跋陀波羅賒塞迦（秦言善教），常常守護此城掃除清淨，若有大小便不乾淨，地土就裂開使之清除乾淨，然後地再自動還合。當人們的壽命將終了時，就自然行詣到墳墓塚間而死。

當時的世界安平快樂，沒有怨賊劫盜、偷竊之患，城邑聚落無須關閉門戶，也沒有衰惱、水火、刀兵及諸饑饉毒害等災難。人們常常懷著慈心、恭敬、和順，諸根調伏，語言謙遜。

那兒每一個園林池泉之中，自然流有八功德水，青色、紅色、赤色、白色、雜色的蓮花遍滿覆蓋於水池上，水池的四邊有四寶階道，眾鳥和集，鵝鴨、鴛鴦、孔雀、翡翠、鸚鵡、舍利、鳩那羅、耆婆耆婆等，諸妙音鳥常在其中，還有異類的妙音之鳥，不計其數，果樹、香樹充滿在國內。

那時，閻浮提中常有好香譬如香山，流水美好味甘，可以除去疾患，雨下潤澤後，穀稼即時滋養茂盛，田中不生穢

# Maitreya

彌勒菩薩

彌勒淨土變相部分（敦煌第 341 窟）

草，一分種植則有七分的收穫，用功甚少而所得收穫甚多，果實嚐食起來不但香美，且滋養氣力，飽滿充實。

在這國土中，當時有一位轉輪王名爲蠰佉，他擁有四種兵，不以威武治理四天下。

其國王有千個孩子，他們都是勇健猛壯、多力能破怨敵。轉輪王有七寶：金輪寶、象寶、馬寶、珠寶、女寶、主藏寶、主兵寶。又其國土上有七寶臺，舉高有千丈，千頭千輪，寬廣六十丈。又有四大藏，每一個大藏各有四億小藏圍繞；伊勒鉢大藏在乾陀羅國，般軸迦大藏在彌緹羅國，賓伽羅大藏在須羅吒國，蠰佉大藏在波羅捺國。

此四大藏縱廣千由旬，其中滿溢著珍寶，各有四億小藏附居之，還有四大龍王各自守護。此四大藏及諸小藏自然踊出，形狀如同蓮華一般，無央數的人們都前往參觀。

那時眾寶沒有守護者，眾人見了心中也不會生起貪著，將眾寶丟棄於地上猶如瓦石、草木、土塊，見到的人都生起厭煩之心，心中想著：「往昔眾生就是爲了此寶貝，而共同相互殘害，而且因此互相偷劫、欺誑、妄語，而令生死罪緣展轉增長。」

翅頭末城的眾寶羅網彌覆蓋在其上，寶鈴莊嚴其上，微風吹動，寶鈴就發出和雅如扣鐘磬的聲音。

這是未來彌勒菩薩下生時的娑婆世界。

# Maitreya

彌勒菩薩

彌勒佛 （Tibetan Thangk a Painting）

# 第四章　如何祈請彌勒菩薩

　　祈請彌勒菩薩的守護，自心與彌勒菩薩時皆相應，能護佑我們慈心喜樂吉祥，早日迎接彌勒菩薩的到來。

## 01 修學彌勒菩薩的功德利益

　　雖然長久以來，我們時常向佛菩薩祈請、修學其法門，但是我們憶念佛菩薩終不及佛菩薩憶念我們之深，佛菩薩始終如大日一般無私無悔的恆時照耀著我們。

　　如果我們與彌勒菩薩有緣，發願往生兜率淨土，勤修彌勒法門、經典，其功德亦是非常廣大的。

　　依據《佛說觀彌勒菩薩上生經》記載：當佛陀滅度後，如果有修行者能夠精勤修習諸功德，威儀不缺，灑掃佛塔塗地，以眾多上好的名香、妙花供養，修行眾多的禪定三昧，深入正見，獲得覺受、證果，讀誦經典，如是等人應當至心，雖不斷結如證得六通，應當繫心一念，憶念佛陀的形像，稱誦彌勒菩薩的名號。

　　這樣的人在一念頃的時間受持八戒齋，修持諸多淨業，

**六通**　六通是指天眼通、天耳通、神足通、他心通、宿命通、漏盡通。

# Maitreya

彌勒菩薩

彌勒菩薩像

發起深弘誓願，當他的生命終結時，就好像壯士彎屈、申展臂膀的時間，即能往生兜率陀天，於蓮華上結加趺坐。

有百千位的天子作天伎樂，持著天曼陀羅花、摩訶曼陀羅華，以散於其上，而且讚歎的說：「善哉！善哉！善男子！你於閻浮提世界廣修福德事業，而來出生此處，此處名為兜率陀天。現在此天的主人名為彌勒菩薩，你應當歸依他。」若能應聲即禮拜，禮敬完畢後，清楚諦觀眉間白毫相光，即得以超越九十億劫生死之罪。

這時候，彌勒菩薩便會隨著來者的宿世因緣，而為他宣說妙法，使他堅固不退轉於無上道心。這樣的眾生如果已經清淨諸多罪業，行六事法，必定無疑當得生於兜率天上，值遇彌勒菩薩，然後亦隨著彌勒菩薩下生閻浮提，而且跟隨彌勒菩薩聽聞佛法，於未來世值遇賢劫一切諸佛，於星宿劫時，亦得值遇諸佛世尊，於諸佛跟前受菩提記。

又，當佛陀滅度之後，比丘、比丘尼、優婆塞、優婆夷、天、龍、夜叉、乾闥婆、阿修羅、迦樓羅、緊那羅、摩睺羅伽等，這些大眾若有得以聽聞彌勒菩薩摩訶薩的名字，而且在聽聞之後，歡喜恭敬禮拜，當此人命終之時，如彈指一般短的時間，即得往生兜率天。

只要得以聽聞彌勒名字的人，命終之後，不會墮於黑闇之處、邊地、邪見、諸惡律儀，不僅如此，能恒常生起正見，眷屬成就，不毀謗佛法僧三寶。

# Maitreya

彌勒菩薩

彌勒菩薩像（日本　高野山　寶壽院）

　　而且，如果有人已經犯下諸多的禁戒，造作眾多的惡業，只要聽聞了彌勒菩薩的大悲名字，然後五體投地禮拜，誠心的懺悔，以前所犯下的諸多惡業速得清淨。

　　如果有人聽聞彌勒菩薩大悲名稱，造立菩薩的形像，以香花、衣服、繒蓋、幢幡莊嚴供養，禮拜並一心繫念，此人命欲終時，彌勒菩薩會放射出眉間白毫大人相，與諸天子雨下曼陀羅花來迎接此人。此人在須臾的時間，即得往生兜率天，值遇彌勒菩薩，在頭面禮敬菩薩時，尚未舉頭的時間，便得以聽聞佛法，即於無上佛道得證不退轉的境界，於未來世得值遇恒河沙等諸佛如來。

　　若有行者歸依彌勒菩薩，當知是人於無上道得不退轉。彌勒菩薩成就佛果時，如此行人即得以親見佛陀的光明，而且立即得蒙授記。

　　佛滅度後，四部弟子、天、龍、鬼神，若有想要出生於兜率陀天，應當練習以下的方法：觀照自心、繫念思惟，憶念兜率陀天，修持佛陀禁戒一日至七日，思念十善，行十善道，然後以此功德迴向，祈願出生於彌勒淨土者，應當練習這個觀法。練習此觀法的人，若是在看見一位天人、一朵蓮花，若是在一個念頭的時間，稱念彌勒菩薩的名號，此人即能除卻千二百劫生死的罪業；只要聽聞彌勒菩薩的名字者，合掌恭敬，此人能夠除卻五十劫生死的罪業；若有敬禮彌勒菩薩的人，能夠除卻百億劫生死的罪業。假設不要上生天

# Maitreya

彌勒菩薩

彌勒菩薩像（日本　高野山　持明院）

天上，未來世中，可以在龍花菩提樹下，得以值遇彌勒佛，發起無上菩提心。

　　以上是《彌勒上生經》中描述修學彌勒菩薩的功德利益。

# Maitreya

彌勒菩薩

彌勒菩薩像（新疆庫車克孜爾石窟壁畫　柏林國立博物館）

## 02 彌勒菩薩的每日修持法

　　每日恆常修學彌勒菩薩的法門，日日與彌勒菩薩有約，一定可以獲得彌勒菩薩慈心喜樂的守護，護佑我們世間、出世間一切圓滿、吉祥。

　　尤其現代人一般承受了很多的壓力，很多人都患有躁鬱、憂鬱的現象，心中總是充滿著無形的憂惱；這樣的朋友，如果願意來修學彌勒菩薩的法門，定能受到彌勒菩薩的大慈守護，讓自己從心中綻放喜樂的花朵，漸漸遠離憂鬱的陰霾。

　　修學者可以在每天清晨醒來、盥洗之後，或選擇適宜自己任何合宜的時間，尋找一處安靜的地方，以清淨的身心，練習以下的方法。

　　練習前，無妨先蒐集彌勒菩薩的各種微妙莊嚴的法相，選擇自己最喜愛、相應的法相。如果家中有佛堂，則將法相恭奉於案桌上；或可在自己的辦公桌上恭置彌勒菩薩法照，或在自己座椅背後的牆面上，吊掛彌勒菩薩的法相，或是將法相縮小，隨身攜帶，隨時提醒自己與彌勒菩薩相應。

### 修持彌勒菩薩的簡易方法

　　1.修持彌勒菩薩時，於彌勒菩薩法相前，雙手合掌恭敬

# Maitreya

彌勒菩薩

彌勒菩薩像 《覺禪鈔》

禮拜彌勒菩薩。

　　2.然後清楚地觀察彌勒菩薩，並思惟彌勒菩薩的大慈心，並將其大願功德及莊嚴身相，都明晰地啓印於自心中。

　　3.接著，想像從彌勒菩薩的心中，放射出無盡無量的光明，光明注照著我們自身，將我們往昔所造作的一切煩惱、苦惱、迷惑、無知、無明，完全在大慈光明之中銷融了。頓時，我們的身體、語言、心意都清淨了，慈悲、智慧、福德自然地在我們心中，不斷的增長。我們就安住在無盡的大慈光明之中。

　　4.接著，我們可以合掌稱念「南無彌勒菩薩」至少一百八遍以上，愈多愈好。平時在心中亦可默念誦持佛號，隨時與彌勒菩薩相應。

　　5.然後，做一個簡短的祈願，將此修行功德迴向。

　　下座後，可時常誦念彌勒菩薩經典，每日依法恭敬念誦修持。

　　當然，學習彌勒菩薩的行者，除了在修法時親近彌勒菩薩，更需努力在日常生活中依止彌勒經典，以經典的見地來生活，不斷的了悟經中的心要，使我們的生活融入經典之中，以彌勒菩薩的見地為見地，以彌勒菩薩的修持為自己的修持方法，以彌勒菩薩的勝行為自己行為的典範，並圓滿證悟成就彌勒世尊。

　　我們修習彌勒菩薩的法門時，應注意下列的修法原則：

# Maitreya

彌勒菩薩

彌勒菩薩像（兩卷軌）

　　1.從自心中生起對彌勒菩薩的無上信心，不只心心憶念彌勒菩薩，更深信彌勒菩薩的悲願廣大，他護念於我們的心比我們憶念他的更為廣大，彌勒菩薩心心念念都念護著我們。

　　2.試著練習清晨醒來時的第一個念頭即為彌勒菩薩，如果無法做到，做一下自我檢討，並試著學習讓自己每一個念頭，念念相續憶念彌勒菩薩。

　　3.我們練習在行、住、坐、臥、動作及語言時，都能相續不斷的憶念彌勒菩薩。

　　4.在日常生活中，我們為了提醒自己修習彌勒菩薩，可隨身攜帶彌勒菩薩的佛卡，在日常生活中，如果遭遇無法處理的事情時，可以觀想思惟：彌勒菩薩會如何處理這種情形？卡片背後並寫下與彌勒菩薩的相關經句或是修行偈誦，幫助我們日常恆修彌勒菩薩。

　　5.恆常書寫、供養、布施、諦聽、閱讀、受持、廣說、諷誦、思惟、修習彌勒菩薩相關經典。

# Maitreya

彌勒菩薩

彌勒菩薩

## 03 慈心三昧的修法

　　慈心三昧又稱為慈三昧、白光明慈三昧、大慈三昧，或
稱慈心觀，是大乘菩薩修慈悲行的根本。此方法是去除妄念
雜慮、遠離瞋恚怨憎的念頭、想法，專心致力於慈心，觀想
一切眾生普遍蒙受喜樂的三昧。這是行者憐念眾生、關懷眾
生的境界。

　　在《賢愚經》卷十二記載，慈心三昧是彌勒菩薩的重要
修法，因此彌勒便以之為名，稱為彌勒（慈氏）。

　　經典是如此記載：「那時候，大眾圍遶著如來，各自皆
悉默然地端坐入於定中。其中有一位比丘入於慈心三昧，放
射出金色的光明，其光明光亮如同大火聚集一般。

　　曇摩留支在遙遠的地方，便見到世尊光明顯赫，明曜過
於太陽的光明，大眾圍遶，如星星中月，為佛作禮，如法問
訊，見到這位比丘光明特別明顯，即向世尊說：『這一位比
丘入於何等定境，光明照曜如是呢？』佛陀告訴大王說：
『這位比丘，入於慈心等定。』大王聽聞之後，倍增欽敬仰
佩，便說：『這個慈心定的光明，巍巍如是，我將會常常修
習此慈心三昧。』發完此願，志心欣慕慈心定，因此其心意
甚為柔濡，更不會有傷害眾生的心念產生。當時的大王曇摩
留支，即是彌勒菩薩，因為在這一世發起慈心，自此以後，

# Maitreya

彌勒菩薩

(1)首先對自己有慈心

(2)想像最喜愛的人也很快樂

(3)想像自己的親友都很快樂

(4)想像所有仇怨的人都很快樂

慈心三昧的修法（一）

常字號爲彌勒。

　　而且在《禪法要解》卷上，亦記載著有關慈心三昧的修持方法：「什麼是慈心三昧？即是觀想一切眾生都是承受喜樂之相的方法，……遍滿十方皆見受樂之相。」

　　經中又記載：『如何讓眾生得致喜樂？』答曰：『初始學習慈心祈願令得喜樂，深入慈心三昧之後，則能悉見眾生無不受樂之相，就如同鑽燧出火，初始燃完細軟乾草，火勢逐漸轉大，濕木山林也能同時生起俱燃，慈心亦如是。』」修習慈心三昧的方法就像細軟的乾草，火勢由微漸增轉大，濕木山林也同時一起焚燃，喜樂也是如此，由微而擴增漸大。

　　由上可了知，慈心三昧安住於慈心當中，遠離瞋恚怨憎的念頭，廣大遍令眾生受樂的三昧。所以，此三昧也被視爲大乘菩薩慈行的基礎。

## 慈心三昧的練習方法

　　「慈心三昧」依名義來了解的話，慈是「予樂」，即給予眾生快樂，在法性上施者與受者是平等無二的，但是在緣起上有其修行的次第意義，也就是說給予快樂，所以必然有次第的意義。

　　基本上，一個愛自己的人才有資格修習慈心三昧。所以慈心三昧的第一步驟就是必須對自己有慈心，把自己安置在

# Maitreya

彌勒菩薩

(5)想像所居住城市的人都很快樂　　(6)想像所居住的洲都很快樂

(7)想像地球人都很快樂　　(8)想像宇宙法界的眾生都很快樂

慈心三昧的修法（二）

最高峰的喜悅、快樂經驗中；如果無法馬上讓自己喜樂，就試著想一生中最快樂的經驗，給自己一個最美妙的微笑，讓自己覺得全身舒暢無比。

再來，除了自己喜樂之外，再想像自己最喜歡的人也很快樂，把自己最高的快樂與喜悅能量帶給他，想像他是如此的喜悅與快樂，然後將這種快樂的力量相互交織在一起，喜樂是不斷的循環而且是加倍的增高，於是這種高峰經驗會突然提昇到一種前所未有的高峰，就如兩面鏡子交互映射一樣，會愈來愈大，喜悅力量相交增長。

接著，想像自己的親人、認識的朋友都很快樂，將喜樂的能量擴展開來，甚至不認識的陌生人都很快樂。

再來，想像與自己有仇怨的人都很快樂，這種快樂像同心圓一樣，一直擴散出去，過去所有的恩恩怨怨全部一筆勾消，全體一同快樂。

接著，我們想像把這種快樂慢慢擴大到我們所居住的城市，繼續擴大到一個國家、一個洲到整個地球，最後甚至擴大到整個宇宙法界的所有眾生。

一天只要花五分鐘或十分鐘的觀想練習，會產生不可思議的效果，人際關係會越來越好。比如一個月內有十個惡緣，修了慈心三昧後，就慢慢減少，可能只剩七個；原本只有五個人喜歡自己，現在可能會增加為八個人。

在慈心三昧的練習中，今天的我比昨天的我更快樂，更

# Maitreya

彌勒菩薩

彌勒菩薩像（兩卷軌）

具有智慧，更具足力量，更爲慈悲，這是慈心三昧的修持方
法。

# Maitreya

彌勒菩薩

彌勒菩薩教授善財童子

# 04 彌勒菩薩教授善財童子菩提心義

我們發心修學彌勒菩薩的法門，祈請彌勒菩薩的守護，對於修學者，發起菩提心是最重要的。而在《華嚴經》的「入法界品」中，記載著彌勒菩薩教授善財童子菩提心的真義。

在此我們亦如同善財童子一般蒙受彌勒菩薩的親切教導。以下摘錄《白話華嚴經》中，彌勒菩薩教授善財童子菩提心義的敘述：

這時，彌勒菩薩如此稱讚善財童子的種種功德，無量百千眾生聽聞之後，都發起菩提心。彌勒菩薩告訴善財童子說：「

善哉！善哉！善男子啊！你為了饒益一切世間，你為了救護一切眾生，你為了勤求一切佛法，而發起無上正等正覺心。

善男子啊！你不僅獲得善妙利益，又能獲得人身，又剛好出生在這個時候，又正好得以遇到如來出興世間。你能遇見文殊師利菩薩這位大善知識，真是太好了。你的色身是修習正法的好容器，且能被種種善根所潤澤，你被白淨的正法資助護持，所有的意念欲求都已經完全清淨。諸佛都共同護念你，善知識也都攝受你。

# Maitreya

彌勒菩薩

彌勒菩薩像（胎藏軌）

為什麼呢？善男子啊！因為你已發菩提心的緣故！菩提心就好像能出生一切佛法的種子；菩提心就好像能長養眾生白淨正法的良田；菩提心就好像能持攝世間的大地；菩提心就好像能洗淨一切煩惱污垢的潔淨水；菩提心就好像普遍在世間來去沒有障礙的大風；菩提心就好像熾盛得能燒毀一切諸見薪柴的水；菩提心就好像能普遍照耀一切世間的清淨太陽；菩提心就好像能圓滿白淨正法的圓滿月輪；菩提心就好像能放出種種法光明的明燈；菩提心就好像能普遍澈見一切安全、危險地方的明淨眼睛。

菩提心就好像能普遍使眾生進入大智慧城的平坦寬大道路；菩提心就好像能使眾生遠離一切邪法的正知正見的正法；菩提心就好像一輛能普遍運載從初地到十地的所有菩薩的大車；菩提心就好像能開顯示現所有菩薩行的門戶。

菩提心就好像能使眾生安住其中修習三昧法的宮殿；菩提心就好像能使眾生在裡面享受一切法樂的園苑；菩提心就好像能使眾生獲得安穩的宅舍；菩提心就好像能利益所有的世間，所以可說是眾生歸命的地方；菩提心就好像是所有菩薩大行所依靠的地方，所以也是眾生的依怙。

菩提心就好像能訓誨、引導每位菩薩的慈父；菩提心就好像能生長每位菩薩的慈母；菩提心就好像能養育所有菩薩的乳母；菩提心就好像能成就利益所有菩薩的益友；菩提心就好像殊勝超出一切二乘人的君主；菩提心就好像能在一切

# Maitreya

彌勒菩薩

彌勒菩薩像（補陀落海會曼荼羅圖）

行願中都得自在的帝王。

　　菩提心就好像能聚集所有功德的大海；菩提心就好像平等對待眾生、心無分別的須彌山；菩提心就好像能攝持世間的鐵圍山；菩提心就好像能長養一切智慧藥的雪山；菩提心就好像能出生一切功德香的香山；菩提心就好像種種勝妙功德廣大無邊的虛空；菩提心就好像不染著任何世間法的蓮花；菩提心就好像心意善軟柔順，已受馴伏聰慧的大象；菩提心就好像已遠離種種惡劣根性的良駒。

　　菩提心就好像能守護大乘一切法的調御師；菩提心就好像能治癒一切煩惱病的良藥；菩提心就好像是能陷沒種種惡法的坑阱；菩提心就好像能一一穿徹所有法的金剛；菩提心就好像能貯藏一切功德香的香盒；菩提心就好像世人都樂於看見的妙華；菩提心就好像能除卻眾生慾望、熱惱，使眾生獲得清涼的白梅檀香；菩提心就好像能周遍熏沐整備法界的黑沈香；菩提心就好像能破除一切煩惱病的善見藥王。

　　菩提心就好像能拔除種種惑箭的毘笈摩（去毒）藥；菩提心就好像一切主中最尊貴的帝釋天；菩提心就好像能斷離一切貧窮苦的毘沙門天王；菩提心就好像為一切功德所莊嚴的功德天；菩提心就好像能莊嚴一切菩薩的莊嚴具；菩提心就好像世界崩壞時熊熊燒起的劫火，因為它能燒盡種種有為法；菩提心就好像無生根所製的藥，因為它能長養諸佛法；菩提心就好像能消止一切煩惱五毒的龍珠。

# Maitreya

彌勒菩薩

彌勒菩薩像（十六尊軌）

　　菩提心就好像能清澄一切煩惱污濁的水清珠；菩提心就好像能救濟豐足所有貧窮困乏的如意寶珠；菩提心就好像能滿足一切眾生的功德瓶；菩提心就好像能雨下一切莊嚴資具的如意樹；菩提心就好像不會受到任何生死垢染的鵝羽衣飾；菩提心就好像自性清淨的白色細毛布線；菩提心就好像能整治眾生心田的鋒利犁刀。

　　菩提心就好像能摧毀一切我見敵軍的那羅延；菩提心就好像能穿破種種苦的快箭；菩提心就好像能洞穿一切煩惱甲冑的利矛；菩提心就好像能護一切如理心的堅固盔甲；菩提心就好像能斬斷一切煩惱根的利刃；菩提心就好像能斷穿一切憍慢鎧甲的利劍；菩提心就好像能降伏所有魔軍的勇將幢；菩提心就好像能截斷無明樹的利鋸；菩提心就好像能砍伐種種苦樹的快斧；菩提心就好像能防護種種苦難的兵器。

　　菩提心就好像能防護一切的諸度波羅蜜所成就身；菩提心就好像能安住種種功德的好足；菩提心就好像能滅除所有無明翳的眼藥；菩提心就好像能拔除一切身見刺的鉗子、鑷子；菩提心就好像能止息生死輪迴及種種勞苦的臥具；菩提心就好像能解開一切生死束縛的善知識；菩提心就好像能滅除一切貧窮的妙好珍寶；菩提心就好像清楚了知菩薩所出離三界要道的大導師；菩提心就好像能出生無量功德財寶、不虞匱乏的地下寶藏。

　　菩提心就好像無窮盡地湧出智慧水的湧泉；菩提心就好

# Maitreya

彌勒菩薩

彌勒三尊（多聞天秘軌）

像能普遍影現出一切法門幻像的明澈鏡子；菩提心就好像不沾染任何罪業污垢的蓮花；菩提心就好像能流出並導引一切度攝法門的大河；菩提心就好像能降下妙法雨的大龍王；菩提心就好像能任運撐持菩薩大悲身的命根；菩提心就好像能使眾生安住無生死境界的甘露。

　　菩提心就好像能普遍攝受所有眾生的大網；菩提心就好像能攝取所應度化眾生的羂索；菩提心就好像能誘使在三有深淵中居住眾生出離的鈎餌；菩提心就好像能使眾生不生病、永遠安穩的阿伽陀藥；菩提心就好像能消解止息有貪愛毒苦的解毒藥物；菩提心就好像能去除所有顛倒毒害的持念咒語；菩提心就好像能捲掃種種罪障迷霧的迅疾強風；菩提心就好像能出生一切菩提覺分珍寶的大寶洲；菩提心就好像能出生一切清淨法的最尊貴血統；菩提心就好像是所有功德法所依止的住宅；菩提心就好像菩薩商人貿易的市集。

　　菩提心就好像能治除一切煩惱污垢的鍊金藥；菩提心就好像能圓滿一切功德味的好蜜；菩提心就好像能使所有菩薩進入智慧城的正道；菩提心就好像能受持一切清淨法的好器；菩提心就好像能息滅一切煩惱塵埃的及時雨；菩提心就好像菩薩所安止居住的地方；菩提心就是壽行一般，發起菩提心的菩薩，不會證取聲聞的解脫果。

　　菩提心就好像清淨的瑠璃，自性光明潔淨，沒有任何污垢；菩提心就好像帝釋的青色摩尼寶珠，智慧超出勝過一切

# Maitreya

彌勒菩薩

彌勒菩薩（八大菩薩曼荼羅經）

世間緣覺聲聞二乘；菩提心就好像夜晚報時的更鼓，能覺醒睡在煩惱中的眾生；菩提心就好像清澈潔淨的水，體性本來就澄明清淨，沒有任何垢染污濁；菩提心就好像閻浮金光明照耀，能使一切有為善法黯然失色；菩提心就好像能超越勝出所有世間法的大山王。

菩提心就好像是一切的歸依，凡是前來依止的眾生，它都從不拒絕；菩提心就是隨順法義的利益，能除卻所有的衰敗苦惱；菩提心就好像能使眾生見了都心生歡喜的上妙珍寶；菩提心就好像能充裕滿足眾生所需求的布施大會；菩提心可說是最尊貴超勝的法，沒有任何眾生等同它；菩提心就好像地下的寶藏，能攝持所有的佛法；菩提心就好像能降伏像阿修羅一樣猛厲煩惱的因陀羅網；菩提心就好像能薰化感動所有應受度化眾生的婆樓那風；菩提心就好像能燒毀一切疑惑與習氣的因陀羅火；菩提心就好像廣受世間供養的佛塔廟支提。

善男子啊！現在你已了知菩提心能成就這樣的無量功德，所以，你們應當知道菩提心等同一切佛法的種種功德。為什麼呢？因為菩提心能生出一切種種菩薩行，又，三世如來都是從菩提心出生的。

所以，善男子啊！凡是能發起無上正等正覺心的人，就已經能出生無量的功德，並且能普遍攝取一切智慧之道。

# Maitreya

彌勒菩薩

彌勒菩薩（孔雀明王軌）

# 05 《彌勒菩薩所問本願經》的十法行

　　《彌勒菩薩所問本願經》中記載，當菩薩實踐修行十法行時，可遠離惡道，不墮入於惡知識中。

　　這十法行，不是十種法行，而是如同序數般，以增一法的方式來表示菩薩行法，如菩薩行一法行時，其所修習的法門則有一種，其行第二法行時，其所修習的法門則有二種；其行第三法行時，其所修習的法門則有三種，如是漸增至第十法行有十種。如此，即是菩薩十法行。以下分別敘述：

## 第一法行

　　「菩薩有一法行，棄諸惡道，不墮惡知識中。何謂爲一？謂寂靜平等道意，是爲一法。」

　　菩薩的第一法行，就是要遠離惡道，不墮入於惡知識中。因爲惡道或惡知識會讓我們生起貪染、執著、隨逐的心，而這貪染、執著、隨逐的心，會讓我們從心中生起很強烈的情緒慾動。

　　而當我們學習菩薩的一法行，就是遠離惡道，安住在寂靜平等道意當中。讓我們自心安住在寂靜當中，心中沒有貪染，一切現前平等。現前寂靜時無一一法可染著，對於喜樂二法及高下諸法，都是平等平等，沒有分別的對待。

# Maitreya

彌勒菩薩

東山靈山寺四方淨土彌勒三尊

因為當我們自心安住於「寂靜」的緣故觀照，現前的一切都是平等，而無有分別對待的想法，也就成就了諸佛的一如之道。就如同《金剛經》中所說：「如是滅度一切眾生，而實無眾生得滅度者。」這也就是寂靜平等道意了。

以上是第一法行。

## 第二法行

「何等為二？一者住於定無所起，二者方便別諸所見，是為二法。」

菩薩實踐第一法行時，是安住在寂靜平等道意中，內心是寂靜的。而在第二法中，則是**住於定無所起**，這是指安住於寂靜平等道意中時，這是自然入定，而被離心意識，破除、遠離一切妄念紛飛，觀照自心時，發現覓心不可得，是無心時，便安住於定中無所起。

或許你會以為定無所起，會讓智慧沈寂了，在定中無法分別諸見地看法，這實是是錯誤的看法。因為，此處的「定」是指菩薩的大定，是指定中有智慧的定境，而不是一般無智慧的定境，無智慧的定可以說是落於外道定去了，能在定中生起智慧的定才是佛法中的定。

在定中生起智慧而能分別諸多所見，安住於定中而且不染著於定，不執著於定，這就是菩薩大定。

**方便別諸所見**，是在此菩薩大定境界中，對於一切所見

# Maitreya

彌勒菩薩

彌勒菩薩

能用方便法分別了知。這就好比《金剛經》中所說的：「以無爲法而有差別。」這其中的「差別」是指分別差別，而能夠分別並且不執著才是方便。如此就能夠以方便法來分別一切所見，安住於定中無所起而且能夠分別。

而菩薩安住於定無所起，能了別現前一切皆是如幻，如幻能了別，而且了別的心亦是如幻，如幻了如幻，一切現前如幻。

以上是第二法行。

## 第三法行

「一者得大哀法，二者於空無所習，三者所知無所念，是爲三法。」

這三法行是次第法，也是相當好的法門。

一、大哀法：是大悲法，是大哀愍慈悲眾生。但大哀愍眾生，並不是自悲自哀，這樣的大悲是爲了眾生，爲了拔除一切眾生的苦痛，所以大哀法其實是大悲的法門。

當菩薩心安住於大悲之後，還要安住於空無所習。

二、空無所習並不是指什麼都不必修學，而是在空性中無有修習；更確切的說，應是安住於如幻的境界，而不執著於自己所修學的法門。

修學「大悲法」及「空無所習」時，簡單而言，是在悲愍眾生時空而無所修習，由於不執著的緣故，所以是現學也

# Maitreya

彌勒菩薩

彌勒菩薩

是現空。

三、所知無所念：是指當我們了知一切後，而心中不會爲念頭所轉，不會被我們所學的法們所轉。這就如同《六祖壇經》所說「心迷法華轉，心悟轉法華。」所以「所知無所念」，就是我們要了知一切諸法，完全確定無別的了知，但是不會爲心念所控制而轉動。

## 第四法行

「一者立於誠，二者於一切法無所疑，三者樂處閑居，四者等觀；是爲四法。」

一、立於誠：是指能夠完全安住於一切誠、一切言語教誠中。無論是身體、語言、心意，還是一切眾行爲、眾心念都安住於誠當中。

二、一切法無所疑：當我們能夠了知身體、語言、心意三者如幻，因爲對於一切法皆通達的緣故，便能夠進入「二、一切法無所疑」的境界中。

三、樂處閑居：是指不好憒鬧，因爲憒鬧會擾亂我們的身心；或許我們會心生懷疑，樂處閑居、不好憒鬧是否就能度化諸眾生？這樣的作法與前面所講的不符合。其實度化諸眾生是沒有問題的，這是指不會因爲要度化眾生，而喜好在眾生中控制眾生，或者貪染眾生，讓自心安處閑居。

四、等觀：是指禪定，是指隨時隨地安住在禪定三昧的

# Maitreya

彌勒菩薩

彌勒菩薩

境界，平等觀照一切，這是大乘的菩薩定。

## 第五法行

前面的四種法行，都是屬於菩薩行願的根本原則，而這五法行則是指菩薩的一切所行現象的規範。

「一者常立德義，二者不求他人長短，三者自省身行，四者常樂於法，五者不自念身，常救他人；是為五法。」

一、常立德義：是時常安住在功德義理當中，也就是隨順於道德，通達法義，成就功德福本。所以菩薩是常居大福者，是有德者、是能成就功德者、能隨順功德者，一切所行能成就慈悲與智慧雙運，都是菩薩所行。所以菩薩常立於根本功德、福德妙義當中，是為「常立德義」。

二、不求他人長短：是不恥去關照他人的是非長短，也不去議論批評他人。其做法不是一般「破邪顯正」的做法，而是更積極的「顯正破邪」。這就如同我們到達一個黑暗之處，我們最先的動作是先燃點一盞燈，以光明來照破黑闇；而不會不燃燈，先跟黑暗打一頓架。所以不求他人長短，自然顯現功德事業。

三、自省身行：如果還是以光明的照射來比喻的話，是指光明向內照，督攝眼、耳、鼻、舌、身、意六根、觀照自心的行持。而在自己觀照自心的過程當中，發現自心其實是平等、圓滿、清淨、無實，事實上亦無心可觀照。即為觀者

# Maitreya

彌勒菩薩

山城國愛宕郡鳥部寺彌勒菩薩

（自己）觀察自心，以心觀察自心，發現心心相空，心心成幻，所以一切現前清淨，自己反省一切身體、語言、心意三者，其實都不染著一切。

四、常樂於法：是指樂住於法，樂行於法，了知法如如法，如法者無法可得，所以常樂於法，是心樂於法，而不執著於法。

五、不自念身，常救他人：我們自身一切的身體、語言、心意，由於往昔種種交流感應，而有種種的業障現前的因緣。本來清淨的法性本來無有任何病癥，然而業障隨於我們的五蘊身，而使病相現前。此二者我們雖了知這是相應於眾生，但也是自身惡業的現前，而菩薩的心念是現觀平等，所以心中常思惟如何救度他人，這即是菩薩行法。

## 第六行法

「一者不慳貪，二者除弊惡之心，三者無愚癡，四者無粗言，五者其意如虛空，六者以空為舍；是為六法。」

一、不慳貪：由於常常布施的緣故，所以菩薩不會生起慳貪之心，而心也不住於布施相。因為菩薩常布施於他人，而空無所得，所以不會慳貪；一切都是平等，法界不慳貪，所以能夠生起大喜捨之心。

二、除弊惡之心：卻除一切眾弊諸惡，讓一切諸惡現前斷除，一切微小諸惡立即斷除，能夠成就善業，而自淨其

# Maitreya

彌勒菩薩

元興寺金堂彌勒菩薩

意。

三、無愚痴：是指眾生現前斷除，不染、不著、不貪，是謂無愚痴。所以不執著是無愚痴的根本。無愚痴是現前清淨之意，不貪染；況且連善都不貪染，何況是貪染惡。

四、無粗言：無愚痴是在心意中沒有愚痴，而口中不出粗言，則指菩薩一切的言語都是柔軟語、是愛語，所以口中不會發出粗言。其實，語言暴力是很驚人的，以口來造業更是嚇人，所以不要以語言造作諸惡業。

五、意如虛空：是指我們的心意就像虛空一樣廣大無邊無盡，不但能夠容受一切，而且清淨不染著。

六、以空為舍：是以空為居所，一切現前大安，無可也無不可，自在安住。

## 第七法行

「一者有善權之意，二者能分別於諸法寶，三者常精進，四者常當歡悅，五者得於信忍，六者善解定意，七者總智慧明；是為七法。」

一、善權之意：即善巧權宜。善巧權宜不是沒有原則，而是有方便——有方便來幫助教化眾生，使眾生能於方便道中得致救度。所以在《大日經》記述：「方便為究竟」；但是善巧權宜並非是對自己而言，而是對一切眾生。

二、能分別於諸法寶：即是心中能清楚明瞭分別於諸眾

# Maitreya

彌勒菩薩

安置彌勒菩薩

法寶。

　　三、常精進：是指菩薩心中常精進不斷。精進者常不斷，然而休息亦是精進義。因為適當的休息，適當的推動，都能夠使我們的身心城垣不斷能量，使度化一切眾生業利於最大，這就是常精進。

　　四、常當歡悅：時時刻刻喜悅，時時刻刻自安，時時刻刻自喜悅，他人亦隨喜。

　　五、得於信忍：是能夠得到信忍成就，忍是境界，信是不壞信於佛法的境界。

　　六、善解定意：即能夠善巧了解一切定意、一切三昧。

　　七、總智慧明：即能夠總持一切、智慧明達。

## 第八法行

　　「一者得直見，二者直念，三者直語，四者直治，五者直業，六者直方便，七者直意，八者直定；是為八法。」

　　八法行純粹都有個「直」字。

　　直，並不是指直接的反應。舉例來說，假如我們踏到一隻狗的尾巴，牠會直接反咬我們一口，這不是「直」。直，不是指直接反應，而是清淨的反應，是貪瞋痴少的反應，是反省後的反應，是把我們的妄習去除掉的反應，是無傷害的反應。因此千萬不要以為自己是以直心發出，就可以隨口將自己的貪瞋痴放出來反應，這就錯解了「直」的意思。

# Maitreya

彌勒菩薩

彌勒菩薩《覺禪鈔》

而「直」其實也就是「正」，因此，八法行是八種直法之行，也正是八正道行，只是這八正道更深入，而以菩薩的無上菩提心來攝持。

一、直見：也就是斷除心中貪、瞋、痴的想法，從直心中啓發。心中清淨直接啓發，就是菩提清淨心所發的正確知見。而這也就是「正見」依正確的智見，來觀察法界實相。

二、直念：直見之後就要收攝心念，就是「直念」，念念起直，念念從自性中生起，不再有貪、瞋、痴三毒，才是直。如同《六祖壇經》記載：「不思善，不思惡，恁麼時，那個是明上座本來面目？」這個本來面目就是發直起念，發正起念——直念。而這也就是「正念」，隨時隨地地安住在正確的菩提智見中，不忘失法界實相與無上的菩提心念。

三、直語：直語是溫暖語，是眞實語，是不壞語，是眞實愛語，是同事語，是增長一切眾生正念的語言。這也就是「正語」，是來自正念之後的話語，是不妄語、惡口、兩舌、綺語。是眞正的智慧之語，是實相之語，也是菩提心語。

四、直治：是依止於實相的智見與無上菩提心，所產生的正確生活，也就是「正命」。菩薩的正命，是以菩提心爲命，以實相爲命，依據這樣的智見、發心，落實於各種因緣當中，正當的從事治生職業而生活。

五、直業：直業就是正直的行爲，一切行事以直，一切

# Maitreya

彌勒菩薩

彌勒菩薩

行業以直，是直業。是依止於正確的智見與菩提心的行為。業就是行為，而「直業」就是「正業」，不從事任何殺生、偷盜、邪淫等負面行為，而去從事愛護生命、布施、慈善、環保與六度四攝等菩薩的行為。

六、直方便：是以直心正念行為方便，來救度眾生，這涵蓋著悲智二行的方便。同時，這也是「正精進」，是以一切的力量，努力精進，行六度萬行，來幫助一切眾生成佛，並使世界成為淨土。

七、直意：即所有的心意皆直，直意是一種回觀返照，以直見出發，直意回觀。正確的思惟觀照一切。這也是「正思惟」。

八、直定：以正直心證入定境，心中不會扭曲不安，從心所起，念念皆直，安住於直，心大空故，證見諸法，安住大定，隨時隨地安住在無上菩提心的三昧之中。而這也就是菩薩的「正定」。

## 第九法行

「一者，菩薩已脫於欲，遠離諸惡不善之法，無有想念，以得寂定歡喜，行第一一心；二者，已除想念，內意為寂，其心為一，無想無行，便得定意，心為歡悅，行第二一心；三者，離歡喜觀，常為寂定，身得安隱，如諸聖賢，所說所觀，心意無起，行第三一心；四者，苦樂已斷，歡悅憂

# Maitreya

彌勒菩薩

彌勒三十臂像《覺禪鈔》

感皆悉爲止，所觀無苦無樂，其意清淨，得第四一心；五者，過於色想；六者，無復説想；七者，不復念種種想，悉入無央數虛空慧；八者，皆過無央數虛空慧，入無量諸識識知之行；九者，皆過諸識知之慧，無復有無之想，皆過諸無識之慧，便入有想無想之行，悉過有想無想之行，不見想得寂定三昧；是爲九法。」

在此我們也須了知，這九法行是屬於菩薩大定的境界，與四禪八定、小乘的九次第定是有差別的，不可混爲一談。

菩薩定是如幻觀，菩薩以如幻爲基礎來修學，而修學亦是如幻；一般九次第定或四禪八定乃是有修學者，就小乘而言是有分立九次第定，一般大眾是四禪八定。（關於九次第定與四禪八定，都是很高深的法門，在此無法詳細說明，欲瞭解者，可參閱《法界次第初門》、《坐禪之道》等書）。

一、菩薩已脫於欲，遠離諸惡不善之法，無有想念，以得寂定歡喜，行第一一心：菩薩已超脫諸欲、貪染，遠離諸惡，所以對不善之法就不再想念了。因爲脫離了不善之法，所以得到了寂定歡喜。就小乘而言，此階段名爲「離生喜樂」。

二、已除想念，內意爲寂，其心爲一，無想無行，便得定意，心爲歡悦，行第二一心：菩薩「已除想念」，是已除一切想念。「內意爲寂」，內心是寂滅的。「其心爲一」，

# Maitreya

彌勒菩薩

彌勒三尊像《覺禪鈔》

此時心是為一的。之後無想無行，便得定意，內心十分的歡悅，比第一一心的定況更深。這與小乘定相比較，是屬於小乘定的「定生喜樂」的境界。

三、離觀喜觀，常為寂定，身得安隱，如諸聖賢，所說所觀，心意無起，行第三一心：即菩薩要遠離歡喜觀，遠離歡喜觀後，常為寂定，是身至為安隱，就宛如諸聖賢，所說所觀，心意無起。而在所說或所觀時心意無起，只是當下，則定慧又更高了，為第三一心。就小乘人而言，與離喜妙樂定之「捨於喜樂思想，於身喜樂，而無所受」相當。

四、苦樂已斷，歡悅憂感皆悉為止，所觀無苦無樂，其意清淨，得第四一心。就小乘人而言，與捨念清淨定的四禪定相當。在此我們做一對照觀察：前面所講的種種菩薩境界是以慧為主，與四禪八定以定為主是有所不同的。

五、過於色想：猶如四禪八定的四無色定中的空無邊處定，但空無邊處定，還不是菩薩定。

六、無復說想：即意識皆斷，與小乘定「離彼所緣空無邊緣處已，復想能緣識亦無邊」的識無邊處定相當。

七、不復念種種想，悉入無央數虛空慧：即無有作用。此時就小乘定而言為無所有處定。

八、皆過無央數虛空慧，入無量諸識識知之行：此與小乘定相對應來表示，即「離彼無所有已，當復想於無彼粗想，不無細想」之非想非非想處定。

# Maitreya

彌勒菩薩

彌勒來迎圖《覺禪鈔》

　　九、皆過諸識知之慧，無復有無之想；皆過諸無識之慧，便入有想無想之行，不見想得寂定三昧：宛如小乘人進入滅受想定一般。

## 第十法行

　　菩薩的十法行，就是十種三昧，能使菩薩離棄一切惡道，不墮在惡人群當中，常與一切善知識共住、共行。這十法行就是：

　　「一者得金剛三昧，二者所住處有所進益三昧，三者得善權教授三昧，四者得有念無念御度三昧，五者得普遍世間三昧，六者得於苦樂平等三昧，七者得寶月三昧，八者得月明三昧，九者得照明三昧，十者得二寂三昧，於一切諸法具足。」

　　這十法行在《大寶積經》卷一百一十一同本異譯的彌勒菩薩所問會當中，翻譯有少許的不同；在《大寶積經》中是以：「一者善能成就金剛三昧，二者成就處非處相應三昧，三者成就方便行三昧，四者成就遍照明三昧，五者成就普光明三昧，六者成就普遍照明三昧，七者成就寶月三昧，八者成就月燈三昧，九者成就出離三昧，十者成就勝幢臂印三昧。」為十法行。

　　現在對這十種三昧做一簡單的解說：

# Maitreya

彌勒菩薩

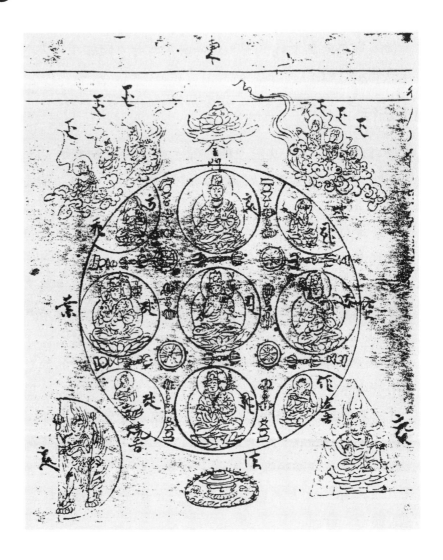

彌勒曼荼羅《覺禪鈔》

## 一、金剛三昧

又作金剛喻定，這個三昧因為如同金剛一般能摧破一切煩惱，所以稱為金剛三昧，以顯現定境的本體如同金剛不壞，妙用如同金剛摧破萬物。

小乘聲聞行人及菩薩欲破除最後無明，以得阿羅漢果以及佛果所證的三昧，皆可名為金剛喻定。

而在此的金剛三昧，應如《涅槃經》卷二十四中所說：「菩薩摩訶薩！修大涅槃，得金剛三昧，安住是中，悉能破散一切諸法。」所指的金剛三昧，一般是大菩薩所修習，是尚未圓證佛果的金剛三昧。

## 二、所住處有所進益三昧（處非處相應三昧）

這個三昧是修習佛陀十力的因位三昧。

佛陀十力中，第一力即處非處智力，這個力量能使如來於一切因緣果如實了知，如作善業，能知必定得善報，這是知是處；若行惡業，能得樂報，則無有是處，稱為知非處。所以能了知一切因緣果報，如去如來如實而行。

而這個三昧稱為所住處有所進益三昧，在《大寶積經》中為處非處相應三昧；就是能如實無作審諦，現觀一切因緣果報，並相應安住於實相淨業，隨順一切緣起，增長福慧資糧，以趣入佛果的三昧。

# Maitreya

彌勒菩薩

彌勒（胎藏軌說）《覺禪鈔》

### 三、善權教授三昧（方便行三昧）

善權又譯為方便，所以《大寶積經》中譯為方便行三昧，菩薩以善巧方便導引眾生入佛法中，而此方便是無作善權方便，遠離我與我所，現前安住三輪體空，自在施設無作方便，而能有力導引眾生入於佛法海的三昧。

### 四、有念無念御度三昧（遍照明三昧）

有念生心、無念體真；現成真妄對待，菩薩大行能統合超御真、妄，圓滿示現中道能成就此三昧。如果依《金剛經》的義理，或許可體會為「有念生念、無念無住；無住生心，從體起用；生心無住，會用歸體。」而生心為照，無念本寂；所以，這個三昧是寂照雙運的三昧，如《大寶積經》所譯的遍照明三昧，照是生心之用，明是無念之體，遍是融攝體用，照明雙如普照一切諸法，正是有念無念御度的寫照。

### 五、普遍世間三昧（普光明三昧）

安住此三昧，菩薩遍行世間，自然為世間的燈明，使眾生受用含光；所以《大寶積經》又稱為普光明三昧。這個三昧的修持要注意二個部分，一者是平等義，以無分別智慧，大悲出生，現住三昧，成為普（遍）三昧。二者是體用悲智

# Maitreya

彌勒菩薩

彌勒（金界十六尊中像）《覺禪鈔》

雙運義，世間是依俗立體，光明是依勝義起用；所以，菩薩行者自住定慧莊嚴。大悲發生，能自然無作成世間光明。

## 六、照明三昧

又作能照三昧、遍照三昧，菩薩住此三昧，能以智慧明照諸法；猶如日出，普照一切，現顯一切眾事。在《大寶積經》中譯為普遍照明三昧。

## 七、寶月三昧

菩薩入此三昧，能於一切法通達無礙，猶如大將以寶幢領眾，眾皆順服。以寶幢為目，現月幢之相，能自在通達法相，具足威德，眾生旋服信從。

## 八、月明三昧（月燈三昧）

明月喻法性，此三昧自證一切諸法體性平等無戲論。此法由平等心、大慈救護心、無礙心、無毒心並具足菩薩因地所修無量三昧，現觀一切諸法真實體性，而成證諸法體性平等無戲論三昧。此三昧又稱為月燈三昧，中文譯有《月燈三昧經》，在梵文、藏文本又題為《三昧王經》，梵文《大乘集菩薩學論》中合引為《三昧王月燈經》。

# Maitreya

彌勒菩薩

彌勒（會坂關東關寺像）《覺禪鈔》

## 九、二寂三昧（出離三昧）

菩薩修習此三昧，能夠使身、心二者永寂，遠離身、心一切煩惱，斷絕一切苦患，出離生死，現證涅槃。此法以身出離，不作一切眾惡，具諸佛法成身寂靜；以心出離，現斷貪、瞋、痴、安止三昧，不起一念惡，圓滿法性，成心寂靜。此三昧在《大寶積經》中則稱之為出離三昧。

## 十、苦樂平等三昧（勝幢臂印三昧）

這個三昧在體受平等一味，並依此安住無分別平等性智的三昧；在《大寶積經》中譯為勝幢臂印三昧，是特重在從平等智當中起用拔除一切苦、樂，現前現證無分別法界體性的三昧；勝幢臂印為拔苦與樂即為苦樂平等三昧。

「十法行」是菩薩們實踐修行的，對於一般人雖過於深奧，但在此我們仍可以閱讀、深刻的體解，來學習這菩薩的十法行。

# Maitreya

彌勒菩薩

彌勒（山城國愛宕郡鳥部寺丈六像）《覺禪鈔》

# 第五章　彌勒菩薩的重要經典

## 01《彌勒菩薩所問本願經》導讀

　　《彌勒菩薩所問本願經》主要是講述如何成就正覺的菩薩行及如何來修行。最主要是世尊為彌勒菩薩列舉了諸法行，經中也解說了彌勒菩薩何以尚不取正覺，以及世尊為何比彌勒早取正覺的因緣。

　　本經起於彌勒菩薩問應行什麼法，菩薩可離諸惡道，而不墮惡知識？佛陀便舉出十種法：一、為舉出寂靜平等道意；二、為住於空後，以方便分別諸所見；三、於大悲、空和一切法不生分別；四、舉出持戒、無疑、處阿闍若、住正見；五、述立德、不求他人長短，反省自身所行、樂法、救他人；六、舉示無慳貪、除弊惡心、無愚癡、如意虛空、住空法；七、說七菩提分；八、說八正道分；九、說九次第定；十、說十種三昧。佛陀宣說完畢，彌勒即以偈頌讚歎佛陀。

　　其後，佛陀對阿難述說，十無數劫以前，於炎光具嚮作王如來的處所，有一位梵志名為賢行，因為看見如來的相好

# Maitreya

彌勒菩薩

安祥寺本阿彌陀八菩薩（左上為彌勒菩薩）

莊嚴，祈願以後成就佛果時，也能具足如此的色相光明，以吉祥的德性莊嚴。此如來了知梵志的心想，越過他的身體上，而使他現前證得無生法忍的境界。梵志以偈頌讚歎佛陀。這位賢行梵志即是現今的彌勒。

　　彌勒雖於久遠之前得證無生法忍的境界，但至今之所以尚未成佛、成就正覺，都是由於菩薩以四事而不取正覺。彌勒的發意較釋迦佛早四十二劫，釋迦佛也欲此四事，今之所以成道，是由於百劫修行之中，勇猛精進，而超越了九劫。

　　以下將為了成道所行種種綜合為兩種十法陳述，又說為求佛道所作種種勤苦之事，非一言可道盡。例如：過去生為一切現義太子時，為他人之病而自刺身，以身血予人；及生為蓮花太子時，為患癩病者，破身骨與髓；生為月明王時，為一盲者挖兩眼，予之，說須彌山尚可稱知斤兩，佛布施兩眼之功德是不可稱計的。

　　然後記述，彌勒求佛道時，不以布施身肢、財寶、妻子、國土成道，而是依善權方便的安樂道達到無上道，於晝夜六時，正衣束體，叉手下膝著地，向十方諸佛頂禮，唱偈願悔一切過，助眾道德、歸命諸佛、得無上道。當他成佛時，令國中人民無垢穢，三毒不深，奉行十善。佛告訴阿難，以後當來世人民，無病垢穢，行十善、貪瞋癡三毒降微時，彌勒當時得證無上正道佛果。

　　並對阿難說，釋尊求菩薩道時，欲護持一切，悉令得

# Maitreya

彌勒菩薩

彌勒菩薩（四家鈔圖像）

淨，樂生死於五毒三濁之中。佛陀勤苦弘傳大意，爲調御惡
弊，令得成就，所以說此經法。阿難讚嘆，最後付囑經。

# Maitreya

彌勒菩薩

彌勒菩薩（四家鈔圖像）

## 02 《彌勒菩薩所問本願經》
### 西晉月氏國三藏竺法護譯

　　聞如是：一時，佛遊於披祇國妙華山中恐懼樹間鹿所聚處，與大比丘眾俱。比丘五百人，一切賢聖神通已達，悉尊比丘，其名曰：賢者了本際、賢者馬師、賢者三波、賢者大稱、賢者賢善、賢者離垢、賢者具足、賢者牛呞、賢者鹿吉祥、賢者優爲迦葉、賢者那翼迦葉、賢者迦翼迦葉、賢者大迦葉、賢者所說、賢者所著、賢者面王、賢者難提、賢者和難、賢者羅云、賢者阿難，如是之輩五百比丘。

　　復有菩薩如彌勒等五百人，其名曰：增意菩薩、堅意菩薩、辯積菩薩、光世音菩薩、大勢至菩薩、瑛吉祥菩薩、軟吉祥菩薩、神通華菩薩、空無菩薩、惠信淨菩薩、根土菩薩、稱土菩薩、柔軟音響菩薩、淨土菩薩、山積菩薩、具足菩薩、根吉祥菩薩，如是等菩薩五百人。

　　爾時，彌勒菩薩從座起，整衣服，長跪叉手，白佛言：「願欲有所問，唯天中天聽者乃敢問。」

　　佛告彌勒菩薩：「我當聽所問，便問在所欲，如來當隨其所欲而發遣之，令心歡喜。」

# Maitreya

彌勒菩薩

彌勒淨土國變相圖（敦煌第 444 窟）

　　於是彌勒菩薩得聽所問，踊躍歡喜，白世尊言：
「菩薩有幾法行，背棄諸惡道，不墮惡知識中？」

　　佛告彌勒菩薩：「善哉！善哉！彌勒菩薩多所哀
念，多所安隱，愍傷諸天及人，乃發意問如來如此之
義。諦聽！常思念之。」

　　彌勒即言：「唯然！世尊！受教而聽。」

　　佛言彌勒：「菩薩有一法行，棄諸惡道，不墮惡
知識中。何謂爲一？謂寂靜平等道意，是爲一法。」

　　佛語彌勒：「菩薩復有二法行，棄諸惡道，不墮
惡知識中。何等爲二？一者、住於定無所起，二者、
方便別諸所見；是爲二法。」

　　佛語彌勒：「菩薩復有三法行，棄諸惡道，不墮
惡知識中。何等爲三？一者、得大哀法，二者、於空
無所習，三者、所知無所念；是爲三法。」

　　佛語彌勒：「菩薩復有四法行，棄諸惡道，不墮
惡知識中。何等爲四？一者、立於誠，二者、於一切
法無所疑，三者、樂處閑居，四者、等觀；是爲四
法。」

　　佛語彌勒：「菩薩復有五法行，棄諸惡道，不墮
惡知識中。何等爲五？一者、常立德義，二者、不求
他人長短，三者、自省身行，四者、常樂於法，五
者、不自念身，常救他人；是爲五法。」

# Maitreya

彌勒菩薩

彌勒菩薩（諸尊圖像）

　　佛語彌勒：「菩薩復有六法行，棄諸惡道，不墮惡知識中。何等爲六？一者、不慳貪，二者、除弊惡之心，三者、無愚癡，四者、無麁言，五者、其意如虛空，六者、以空爲舍；是爲六法。」

　　佛語彌勒：「菩薩復有七法行，棄諸惡道，不墮惡知識中。何等爲七？一者、有善權之意，二者、能分別於諸法寶，三者、常精進，四者、常當歡悦，五者、得於信忍，六者、善解定意，七者、總智慧明；是爲七法。」

　　佛語彌勒：「菩薩復有八法行，棄諸惡道，不墮惡知識中。何等爲八？一者、得直見，二者、直念，三者、直語，四者、直治，五者、直業，六、直方便，七者、直意，八者、直定；是爲八法。」

　　佛語彌勒：「菩薩復有九法行，棄諸惡道，不墮惡知識中。何等爲九？一者、菩薩已脱於欲，遠離諸惡不善之法，無有想念，以得寂定歡喜，行第一一心；二者、已除想念，内意爲寂，其心爲一，無想無行，便得定意，心爲歡悦，行第二一心；三者、離歡喜觀，常爲寂定，身得安隱，如諸聖賢，所說所觀，心意無起，行第三一心；四者、苦樂已斷，歡悦憂感皆悉爲止，所觀無苦無樂，其意清淨，得第四一心；五者、過於色想；六者，無復說想；七者，不復念種

# Maitreya

彌勒菩薩

彌勒菩薩（諸尊圖像）

種想，悉入無央數虛空慧；八者、皆過無央數虛空慧，入無量諸識識知之行；九者、皆過諸識知之慧，無復有無之想，皆過諸無識之慧，便入有想無想之行，悉過有想無想之行，不見想得寂定三昧；是爲九法。」

佛語彌勒：「菩薩復有十法行，棄諸惡道，不墮惡知識中。何等爲十？一者、得金剛三昧，二者、所住處有所進益三昧，三者、得善權教授三昧，四者、得有念無念御度三昧，五者、得普遍世間三昧，六者、得於苦樂平等三昧，七者、得寶月三昧，八者、得月明三昧，九者、得照明三昧，十者、得二寂三昧，於一切諸法具足。彌勒！是爲菩薩十行法，棄諸惡道，不墮惡知識中。」

於是彌勒菩薩以偈讚佛言：

世尊本布施，妻子及飲食，
頭目無所惜，佛德度無極。
護禁無所犯，如犛愛其毛，
奉戒無與等，功德度無極。
已現於忍力，悉等諸苦樂，
忍辱爲大勢，佛德度無極。
已了精進力，無上德對害，
精進爲大至，佛勤度無極。

# Maitreya
彌勒菩薩

彌勒菩薩（諸尊圖像）

已斷一切惡，導師樂一心，

大慧寂為力，佛淨度無極。

清淨慧自在，自然無所起，

智慧常第一，佛明度無極。

慧降魔官屬，樹下得大智，

上義離諸穢，佛力降伏魔。

世尊轉法輪，大身師子吼，

恐伏諸外道，佛慧度彼德。

色妙無與等，戒德及智慧，

精進度諸岸，佛道過眾德。

難譬不可喻，無上大智慧，

常講諸法寶，光明導御眾。

爾時，賢者阿難白佛言：「未曾有！世尊！是彌勒菩薩所願具足，說法無缺減，講法字句平等，所說法句無所縛著，講經竟無亂。」

佛言：「如是！如是！阿難！如其所云，彌勒菩薩辯才具足，所說經法無所缺減。」

佛言：「阿難！彌勒菩薩不獨以偈讚我，乃往過世十無央數劫，爾時，有佛號炎光具響作王如來、無所著、等正覺、今現在成慧行、安定、世間父、無上士、導御法、天上天下尊、佛、天中天。爾時，有梵志長者子名曰賢行，從園觀出，遙見如來經行，身色

# Maitreya

彌勒菩薩

彌勒菩薩 （諸尊圖像）

光明無央數變，見已心念：『甚善！未曾有也！如來之身不可思議，巍巍如是，光色妙好，威神照曜，吉祥之德以爲莊飾。願令我後當來之世，得身具足如是光色，威神照曜，吉祥之德而自莊飾。』作是願已，便身伏地，心念言：『審我當來之世得法身若如來、無所著、等正覺者，如來當過我身上。』

「於時，世尊炎光具響作王如來，知賢行長者子梵志心之所念，便過其身上。適越其上已，便得不起法忍。於是佛還顧告侍者言：『我所以過長者子梵志賢行身上，即時令得不起法忍，眼能洞視，耳能徹聽，知他人心中所念，自知所從來生，身能飛行，神通具足。』「佛適過梵志賢行身上，便達眾智，五通具足，無所亡失，即以偈讚佛言：

往來世到十方，人中尊無與等，
唯志道過諸行，願稽首覺導師！
以過諸世間明，及摩尼火炎光，
佛光明爲最上，願稽首覺導師！
如師子一鳴吼，諸小獸無不伏，
佛講法亦如是，悉降伏諸異道。
眉間相清且徹，威無量如積雪，
其光明照三界，佛在世無與等。
聖足下生相輪，其輪妙有千輻，

# Maitreya

彌勒菩薩

彌勒菩薩（諸尊圖像）

此土地及山陵，不能動無上尊。」

　　是時，佛告賢者阿難：「欲知爾時長者子梵志賢行者，今彌勒菩薩是。」賢者阿難即白佛言：「彌勒菩薩得不起忍，久遠乃爾，何以不速逮無上正眞道最正覺耶？」佛語阿難：「菩薩以四事不取正覺，何等爲四？一者、淨國土；二者、護國土；三者、淨一切；四者、護一切，是爲四事。彌勒菩薩求佛時，以是四事故，不取佛。」

　　佛言：「阿難！我本求佛時，亦欲淨國土，亦欲淨一切，亦欲護國土，亦欲護一切。彌勒發意先我之前四十二劫，我於其後乃發道意，於此賢劫，以大精進超越九劫，得無上正眞之道，成最正覺。」

　　佛告賢者阿難：「我以十事致最正覺。何等爲十？一者、所有無所愛惜；二者、妻婦；三者、兒子；四者、頭目；五者、手足；六者、國土；七者、珍寶財物；八者、髓腦；九者、血肉；十者、不惜身命。阿難！我以此十事疾得佛道。」

　　佛語阿難：「復有十事疾得佛道。何等爲十？一者、以法立於誠德；二者、常行忍辱；三者、常行精進；四者、常一其心；五者、常行智慧，度於無極；六者、不捨一切；七者、已得忍心，等於一切；八者、不習空；九者、得空法忍；十者、得無想之法。

# Maitreya

彌勒菩薩

彌勒菩薩（諸尊圖像）

阿難！我以此十事，自致得佛道。」

　　佛語賢者阿難：「我本求佛道時勤苦無數，乃得無上正眞之道，其事非一。」佛言：「阿難！乃過世時有王太子，號曰一切現義，端正姝好。從園觀而出道，見一人得疾困篤，見已，有哀傷之心，問於病人：『以何等藥得療即瘥？』病人答曰：『唯王身血，得療我病。』爾時，太子即以利刀刺身出血，以與病者，至心施與，意無悔恨。」

　　佛語阿難：「爾時現義太子即我身是，阿難！四大海水尚可升量，我身血施不可稱限，所以爾者，求正覺故。」

　　佛語賢者阿難：「乃往過世有王太子，號曰蓮花王，端正姝好，威神巍巍。從園觀出遊道，見一人身體病癩，見已，即有哀念心，問於病人：『以何等藥療於汝病？』病者答曰：『得王身髓以塗我體，其病乃愈。』是時，太子即破身骨，以得其髓持與病者，歡喜惠施，心無悔恨，爾時太子即我身是。」佛語阿難：「四大海水尚可升量，身體布施不可稱計。」

　　佛語賢者阿難：「乃往去世有王號曰月明，端正姝好，威神巍巍。從宮而出道，見盲者貧窮飢餓，隨道乞匄，往趣王所而白王言：『王獨尊貴，安隱快樂，我獨貧窮，加復眼盲。』爾時，月明王見此盲

# Maitreya
彌勒菩薩

彌勒菩薩（諸尊圖像）

人，哀之淚出，謂於盲者：『有何等藥得愈卿病？』盲者答曰：『唯得王眼能愈我病，眼乃得視。』爾時，王月明自取兩眼施與盲者，其心靜然，無一悔意。月明王者即我身是。」

佛言：「須彌山尚可稱知斤兩，我眼布施不可稱計。」佛語賢者阿難：「彌勒菩薩本求道時，不持耳鼻、頭目、手足、身命、珍寶、城邑、妻子以及國土布施與人，以成佛道，但以善權方便安樂之行，得致無上正真之道。」

阿難白佛：「彌勒菩薩以何善權，得致佛道？」

佛言：「阿難！彌勒菩薩晝夜各三，正衣束體，叉手下膝著地，向於十方說此偈言：我悔一切過，勸助眾道德，歸命禮諸佛，令得無上慧。」

佛語賢者阿難：「彌勒菩薩以是善權，得無上正真之道最正覺。阿難！彌勒菩薩求道本願：使某作佛時，令我國中人民，無有諸垢瑕穢，於婬怒癡不大，懃懃奉行十善，我爾乃取無上正覺。」佛語阿難：「後當來世人民，無有垢穢，奉行十善，於婬怒癡不以經心，正於爾時，彌勒當得無上正真之道，成最正覺。所以者何？彌勒菩薩本願所致。」

佛語賢者阿難：「我本求菩薩道時，欲護一切悉令得淨，處於五濁、婬怒癡中，樂在生死，所以者

# Maitreya

彌勒菩薩

彌勒菩薩（諸尊圖像）

何？是諸人民多為非法，以非為是，奉行邪道，轉相賊害，不孝父母，心常念惡，惡意向兄弟、妻息、眷屬及他人，輕易師和上，常犯男女垢濁，轉相食噉；願處是時世，於中為佛。若郡國丘聚縣邑，但說眾惡，轉相賊害，瓦石相擊，杖相撾撥，便共聚會，轉相罵詈。自還其舍，設置飯食，以毒著中，欲害他人，起想垢濁，轉起誹謗，伏匿過惡，還相發露，無復善意。」佛言：「阿難！我以大哀普念一切，為此輩人講說經法。」

賢者阿難聞佛說此，即白佛言：「未曾有！是天中天、如來、等正覺，能至勤苦普弘大意，調御弊惡令得成就，為除重擔具足法寶，為此輩人說其經法。」佛言：「如是！阿難！如汝所言，佛能忍此爾，乃應、如來、等正覺教化剛強，為除眾冥，用佛法德具足之故，乃為此人說其經法。」

阿難白佛言：「我聞如來堅重精進等心如是，衣毛為豎。此經名為何等？云何奉行？」

佛言：「阿難！此經名為本願當持慈氏本行、彌勒所問，當善持之。」

佛說經已，彌勒菩薩、賢者阿難、賢者大迦葉、諸大弟子及眾菩薩，一切會者諸天、龍神、乾沓惒、世間人，聞經歡喜，前為佛作禮。

# Maitreya

彌勒菩薩

彌勒菩薩（諸尊圖像）

# 03 佛說觀彌勒菩薩上生兜率天經

### 宋居士沮渠京聲譯

　　如是我聞：一時，佛在舍衛國祇樹給孤獨園。

　　爾時，世尊於初夜分舉身放光，其光金色，遶祇陀園周遍七匝，照須達舍亦作金色，有金色光猶如段雲，遍舍衛國處處皆雨金色蓮花。其光明中有無量百千諸大化佛，皆唱是言：「今於此中有千菩薩，最初成佛名拘留孫，最後成佛名曰樓至。」

　　說是語已，尊者阿若憍陳如即從禪起，與其眷屬二百五十人俱，尊者摩訶迦葉與其眷屬二百五十人俱，尊者大目犍連與其眷屬二百五十人俱，尊者舍利弗與其眷屬二百五十人俱，摩訶波闍波提比丘尼與其眷屬千比丘尼俱，須達長者與三千優婆塞俱，毘舍佉母與二千優婆夷俱，復有菩薩摩訶薩名跋陀婆羅與其眷屬十六菩薩俱，文殊師利法王子與其眷屬五百菩薩俱，天、龍、夜叉、乾闥婆等一切大眾覩佛光明皆悉雲集。

　　爾時，世尊出廣長舌相，放千光明，一一光明各有千色，一一色中有無量化佛，是諸化佛異口同音皆說清淨諸大菩薩甚深不可思議諸陀羅尼法，所謂阿難

# Maitreya

彌勒菩薩

彌勒菩薩（諸尊圖像）

陀目佉陀羅尼、空慧陀羅尼、無礙性陀羅尼、大解脫無相陀羅尼。爾時，世尊以一音聲說百億陀羅尼門，說此陀羅尼已，爾時，會中有一菩薩名曰彌勒，聞佛所說，應時即得百萬億陀羅尼門，即從座起，整衣服，叉手合掌住立佛前。

　　爾時，優婆離亦從座起，頭面作禮而白佛言：「世尊！世尊往昔於毘尼中及諸經藏說阿逸多次當作佛。此阿逸多具凡夫身，未斷諸漏，此人命終當生何處？其人今者雖復出家，不修禪定，不斷煩惱，佛記此人成佛無疑，此人命終生何國土？」

　　佛告優波離：「諦聽！諦聽！善思念之！如來、應、正遍知今於此眾說彌勒菩薩摩訶薩阿耨多羅三藐三菩提記。此人從今十二年後命終，必得往生兜率陀天上。爾時，兜率陀天上有五百萬億天子，一一天子皆修甚深檀波羅蜜，爲供養一生補處菩薩故，以天福力造作宮殿，各各脫身栴檀摩尼寶冠，長跪合掌發是願言：『我今持此無價寶珠及以天冠爲供養大心眾生故，此人來世不久當成阿耨多羅三藐三菩提，我於彼佛莊嚴國界得受記者，今我寶冠化成供具。』如是諸天子等各各長跪，發弘誓願亦復如是。

　　「時，諸天子作是願已，是諸寶冠化作五百萬億寶宮，一一寶宮有七重垣，一一垣七寶所成，一一寶

# Maitreya

彌勒菩薩

彌勒菩薩（諸尊圖像）

出五百億光明，一一光明中有五百億蓮華，一一蓮華
化作五百億七寶行樹，一一樹葉有五百億寶色，一一
寶色有五百億閻浮檀金光，一一閻浮檀金光中出五百
億諸天寶女，一一寶女住立樹下執百億寶無數瓔珞出
妙音樂，時樂音中演說不退轉地法輪之行。其樹生果
如頗黎色，一切眾色入頗梨色中，是諸光明右旋婉轉
流出眾音，眾音演說大慈大悲法。一一垣牆高六十二
由旬，厚十四由旬，五百億龍王圍繞此垣，一一龍王
雨五百億七寶行樹，莊嚴垣上，自然有風吹動此樹，
樹相振觸，演說苦、空、無常、無我、諸波羅蜜。

　　「爾時，此宮有一大神名牢度跋提，即從座起遍
禮十方佛，發弘誓願：『若我福德應為彌勒菩薩造善
法堂，令我額上自然出珠。』既發願已，額上自然出
五百億寶珠，瑠璃頗梨一切眾色無不具足，如紫紺摩
尼表裏映徹，此摩尼光迴旋空中，化為四十九重微妙
寶宮，一一欄楯萬億梵摩尼寶所共合成，諸欄楯間自
然化生九億天子、五百億天女，一一天子手中化生無
量億萬七寶蓮華，一一蓮華上有無量億光，其光明中
具諸樂器，如是天樂不鼓自鳴。此聲出時，諸女自然
執眾樂器，競起歌舞，所詠歌音演說十善、四弘誓
願，諸天聞者皆發無上道心。

　　「時，諸園中有八色瑠璃渠，一一渠有五百億寶

# Maitreya

彌勒菩薩

彌勒菩薩

珠而用合成，一一渠中有八味水，八色具足，其水上湧游梁棟間，於四門外化生四花，水出華中如寶花流。一一華上有二十四天女，身色微妙如諸菩薩莊嚴身相，手中自然化五百億寶器，一一器中天諸甘露自然盈滿，左肩荷佩無量瓔珞，右肩復負無量樂器，如雲住空從水而出，讚歎菩薩六波羅蜜，若有往生兜率天上，自然得此天女侍御。亦有七寶大師子座，高四由旬，閻浮檀金無量眾寶以為莊嚴，座四角頭生四蓮華，一一蓮華百寶所成，一一寶出百億光明，其光微妙化為五百億眾寶雜花莊嚴寶帳，時十方面百千梵王各各持一梵天妙寶以為寶鈴懸寶帳上，時小梵王持天眾寶以為羅網彌覆帳上。爾時，百千無數天子天女眷屬各持寶華以布座上，是諸蓮花自然皆出五百億寶女，手執白拂侍立帳內，持宮四角有四寶柱，一一寶柱有百千樓閣，梵摩尼珠以為絞絡。時諸閣間有百千天女，色妙無比手執樂器，其樂音中演說苦、空、無常、無我、諸波羅蜜，如是天宮有百億萬無量寶色，一一諸女亦同寶色。爾時，十方無量諸天命終，皆願往生兜率天宮。

　　「時，兜率天宮有五大神：第一大神名曰寶幢，身雨七寶散宮牆內，一一寶珠化成無量樂器，懸處空中不鼓自鳴，有無量音適眾生意。第二大神名曰花

# Maitreya

彌勒菩薩

彌勒菩薩

德，身雨眾花彌覆宮牆化成花蓋，一一花蓋百千幢幡以為導引。第三大神名曰香音，身毛孔中雨出微妙海此岸旃檀香，其香如雲作百寶色遶宮七匝。第四大神名曰喜樂，雨如意珠，一一寶珠自然住在幢幡之上，顯說無量歸佛、歸法、歸比丘僧，及說五戒、無量善法、諸波羅蜜，饒益勸助菩提意者。第五大神名曰正音聲，身諸毛孔流出眾水，一一水上有五百億花，一一華上有二十五玉女，一一玉女身諸毛孔出一切音聲，勝天魔后所有音樂。」

佛告優波離：「此名兜率陀天十善報應勝妙福處。若我住世一小劫中廣說一生補處菩薩報應及十善果者不能窮盡，今為汝等略而解說。」

佛告優波離：「若有比丘及一切大眾不厭生死樂生天者，愛敬無上菩提心者，欲為彌勒作弟子者，當作是觀。作是觀者應持五戒、八齋、具足戒，身心精進不求斷結，修十善法，一一思惟兜率陀天上上妙快樂。作是觀者名為正觀，若他觀者名為邪觀。」

爾時，優波離即從座起，整衣服頭面作禮，白佛言：「世尊！兜率陀天上乃有如是極妙樂事，今此大士何時於閻浮提沒生於彼天？」

佛告優波離：「彌勒先於波羅捺國劫波利村波婆利大婆羅門家生，卻後十二年二月十五日，還本生處

# Maitreya

彌勒菩薩

彌勒菩薩

結跏趺坐如入滅定，身紫金色光明艷赫如百千日，上至兜率陀天，其身舍利如鑄金像不動不搖，身圓光中有首楞嚴三昧、般若波羅蜜，字義炳然。時，諸人天尋即為起眾寶妙塔供養舍利。

時，兜率陀天七寶臺內摩尼殿上師子床座忽然化生，於蓮華上結跏趺坐，身如閻浮檀金色，長十六由旬，三十二相、八十種好皆悉具足，頂上肉髻髮紺瑠璃色，釋迦毘楞伽摩尼百千萬億甄叔迦寶以嚴天冠，其天寶冠有百萬億色，一一色中有無量百千化佛，諸化菩薩以為侍者，復有他方諸大菩薩作十八變隨意自在住天冠中。彌勒眉間有白毫相光，流出眾光作百寶色，三十二相一一相中有五百億寶色，一一好中亦有五百億寶色，一一相好艷出八萬四千光明雲，與諸天子各坐花座，晝夜六時常說不退轉地法輪之行，經一時中成就五百億天子，令不退轉於阿耨多羅三藐三菩提，如是處兜率陀天晝夜恒說此法度諸天子。閻浮提歲數五十六億萬歲，爾乃下生於閻浮提，如彌勒下生經說。」

佛告優波離：「是名彌勒菩薩於閻浮提沒生兜率陀天因緣。佛滅度後，我諸弟子若有精勤修諸功德，威儀不缺，掃塔塗地，以眾名香、妙花供養，行眾三昧，深入正受讀誦經典，如是等人應當至心，雖不斷

# Maitreya

彌勒菩薩

彌勒曼荼羅　別尊雜記

結如得六通，應當繫念念佛形像，稱彌勒名。如是等輩，若一念頃受八戒齋，修諸淨業發弘誓願，命終之後譬如壯士屈申臂頃，即得往生兜率陀天，於蓮華上結加趺坐。百千天子作天伎樂，持天曼陀羅花、摩訶曼陀羅華，以散其上，讚言：『善哉！善哉！善男子！汝於閻浮提廣修福業來生此處，此處名兜率陀天。今此天主名曰彌勒，汝當歸依。』應聲即禮，禮已，諦觀眉間白毫相光，即得超越九十億劫生死之罪。是時菩薩隨其宿緣為說妙法，令其堅固不退轉於無上道心。如是等眾生若淨諸業，行六事法，必定無疑當得生於兜率天上值遇彌勒，亦隨彌勒下閻浮提第一聞法，於未來世值遇賢劫一切諸佛，於星宿劫亦得值遇諸佛世尊，於諸佛前受菩提記。」

　　佛告優波離：「佛滅度後，比丘、比丘尼、優婆塞、優婆夷、天、龍、夜叉、乾闥婆、阿脩羅、迦樓羅、緊那羅、摩睺羅伽等，是諸大眾若有得聞彌勒菩薩摩訶薩名者，聞已歡喜恭敬禮拜，此人命終如彈指頃即得往生，如前無異。但得聞是彌勒名者，命終亦不墮黑闇處、邊地、邪見、諸惡律儀，恒生正見，眷屬成就，不謗三寶。」

　　佛告優波離：「若善男子、善女人犯諸禁戒，造眾惡業，聞是菩薩大悲名字，五體投地誠心懺悔，是

# Maitreya

彌勒菩薩

彌勒菩薩

諸惡業速得清淨。未來世中諸眾生等，聞是菩薩大悲名稱，造立形像，香花、衣服、繒蓋、幢幡，禮拜繫念，此人命欲終時，彌勒菩薩放眉間白毫大人相光，與諸天子雨曼陀羅花來迎此人。此人須臾即得往生，值遇彌勒頭面禮敬，未舉頭頃便得聞法，即於無上道得不退轉，於未來世得值恒河沙等諸佛如來。」

　　佛告優波離：「汝今諦聽！是彌勒菩薩於未來世當為眾生作大歸依處，若有歸依彌勒菩薩者，當知是人於無上道得不退轉。彌勒菩薩成多陀阿伽度、阿羅訶、三藐三佛陀時，如此行人見佛光明即得授記。」

　　佛告優波離：「佛滅度後，四部弟子、天、龍、鬼神，若有欲生兜率陀天者，當作是觀繫念思惟。念兜率陀天，持佛禁戒一日至七日，思念十善，行十善道，以此功德迴向，願生彌勒前者，當作是觀。作是觀者，若見一天人、見一蓮花，若一念頃稱彌勒名，此人除卻千二百劫生死之罪；但聞彌勒名合掌恭敬，此人除卻五十劫生死之罪；若有敬禮彌勒者，除去百億劫生死之罪。設不生天，未來世中龍花菩提樹下亦得值遇，發無上心。」

　　說是語時，無量大眾即從坐起，頂禮佛足，禮彌勒足，遶佛及彌勒菩薩百千匝，未得道者各發誓願：「我等天人八部，今於佛前發誠實誓願，於未來世值

# Maitreya

彌勒菩薩

彌勒菩薩（三十臂）

遇彌勒，捨此身已皆得上兜率陀天。」

世尊記曰：「汝等及未來世修福持戒，皆當往生彌勒菩薩前，爲彌勒菩薩之所攝受。」

佛告優波離：「作是觀者名爲正觀，若他觀名爲邪觀。」

爾時，尊者阿難即從座起，又手長跪白佛言：「世尊！善哉！世尊！快說彌勒所有功德，亦記未來世修福眾生所得果報，我今隨喜。唯然！世尊！此法之要云何受持？當何名此經？」

佛告阿難：「汝持佛語慎勿忘失，爲未來世開生天路、示菩提相，莫斷佛種。此經名彌勒菩薩般涅槃，亦名觀彌勒菩薩上生兜率陀天勸發菩提心，如是受持。」

佛說是語時，他方來會十萬菩薩得首楞嚴三昧，八萬億諸天發菩提心，皆願隨從彌勒下生。佛說是語時，四部弟子、天龍八部聞佛所說，皆大歡喜，禮佛而退。

佛說觀彌勒菩薩上生兜率天經

# Maitreya
彌勒菩薩

彌勒菩薩

# 04 《佛說彌勒下生成佛經》
## 後秦龜茲國三藏鳩摩羅什譯

大智舍利弗能隨佛轉法輪，佛法之大將，憐愍眾生故白佛言：「世尊！如前後經中說彌勒當下作佛，願欲廣聞彌勒功德神力國土莊嚴之事，眾生以何施、何戒、何慧得見彌勒？」

爾時，佛告舍利弗：「我今廣為汝說，當一心聽。舍利弗！四大海水以漸減少三千由旬，是時，閻浮提地長十千由旬，廣八千由旬，平坦如鏡，名華軟草遍覆其地，種種樹木華果茂盛，其樹悉皆高三十里，城邑次比雞飛相及。人壽八萬四千歲，智慧威德色力具足安隱快樂，唯有三病，一者、便利，二者、飲食，三者、衰老。女人年五百歲，爾乃行嫁。

「是時，有一大城名翅頭末，長十二由旬廣七由旬，端嚴殊妙莊嚴清淨，福德之人充滿其中，以福德人故豐樂安隱。其城七寶上有樓閣，戶牖軒窗皆是眾寶，真珠羅網彌覆其上；街巷道陌廣十二里，掃灑清淨。有大力龍王名曰多羅尸棄，其池近城，龍王宮殿在此池中，常於夜半降微細雨用淹塵土，其地潤澤譬若油塗，行人來往無有塵坌。時世人民福德所致，巷

# Maitreya

彌勒菩薩

彌勒菩薩

陌處處有明珠柱，皆高十里，其光明曜晝夜無異，燈燭之明不復爲用。城邑舍宅及諸里巷，乃至無有細微土塊，純以金沙覆地，處處皆有金銀之聚。有大夜叉神名跋陀波羅賒塞迦，常護此城掃除清淨，若有便利不淨，地裂受之，受已還合。人命將終，自然行詣塚間而死。時世安樂，無有怨賊劫竊之患，城邑聚落無閉門者，亦無衰惱、水火、刀兵及諸饑饉毒害之難。人常慈心恭敬和順，調伏諸根語言謙遜。

「舍利弗！我今爲汝粗略說彼國界城邑富樂之事。其諸園林池泉之中，自然而有八功德水，青紅赤白雜色蓮花遍覆其上，其池四邊四寶階道，眾鳥和集，鵝、鴨、鴛鴦、孔雀、翡翠、鸚鵡、舍利、鳩那羅、耆婆耆婆等，諸妙音鳥常在其中，復有異類妙音之鳥，不可稱數，果樹、香樹充滿國內。爾時，閻浮提中常有好香譬如香山，流水美好味甘除患，雨澤隨時穀稼滋茂，不生草穢一種七穫，用功甚少所收甚多，食之香美氣力充實。

「其國爾時有轉輪王名曰蠰佉，有四種兵，不以威武治四天下。其王千子，勇健多力能破怨敵。王有七寶：金輪寶、象寶、馬寶、珠寶、女寶、主藏寶、主兵寶。又其國土有七寶臺，舉高千丈，千頭千輪，廣六十丈。又有四大藏，一一大藏各有四億小藏圍

# Maitreya

彌勒菩薩

彌勒菩薩

繞；伊勒苦大藏在乾陀羅國，般軸迦大藏在彌緹羅
國，賓伽羅大藏在須羅吒國，蠰佉大藏在波羅捺國。
此四大藏縱廣千由旬，滿中珍寶，各有四億小藏附
之，有四大龍王各自守護。此四大藏及諸小藏自然踊
出，形如蓮華，無央數人皆共往觀。是時眾寶無守護
者，眾人見之心不貪著，棄之於地猶如瓦石草木土
塊，時人見者皆生厭心，而作是念：『往昔眾生爲此
寶故共相殘害，更相偷劫、欺誑、妄語，令生死罪緣
展轉增長。』

　　「翅頭末城眾寶羅網彌覆其上，寶鈴莊嚴微風吹
動，其聲和雅如扣鐘磬。其城中有大婆羅門主，名曰
妙梵，婆羅門女名曰梵摩波提，彌勒託生以爲父母。
身紫金色三十二相，眾生視之無有厭足，身力無量不
可思議，光明照曜無所障礙，日月火珠都不復現，身
長千尺胸廣三十丈，面長十二丈四尺，身體具足端正
無比，成就相好如鑄金像，肉眼清淨見十由旬，常光
四照面百由旬，日月火珠光不復現，但有佛光微妙第
一。

　　「彌勒菩薩觀世五欲致患甚多，眾生沈沒在大生
死甚可憐愍，自以如是正念觀故，不樂在家。

　　「時，蠰佉王共諸大臣持此寶臺奉上彌勒，彌勒
受已施諸婆羅門，婆羅門受已即便毀壞各共分之。彌

# *Maitreya*

彌勒菩薩

彌勒思惟像　八世紀

勒菩薩見此妙臺須臾無常，知一切法皆亦磨滅，修無常想出家學道，坐於龍華菩提樹下，樹莖枝葉高五十里，即以出家日得阿耨多羅三藐三菩提。

「爾時，諸天龍神王不現其身，而雨華香供養於佛，三千大千世界皆大震動，佛身出光照無量國，應可度者皆得見佛。

「爾時，人民各作是念：『雖復千萬億歲受五欲樂，不能得免三惡道苦，妻子財產所不能救，世間無常命難久保，我等今者宜於佛法修行梵行。』作是念已，出家學道。

「時，蠰佉王亦共八萬四千大臣，恭敬圍繞出家學道。復有八萬四千諸婆羅門，聰明大智，於佛法中亦共出家。復有長者名須達那，今須達長者是，是人亦與八萬四千人俱共出家。復有梨師達多富蘭那兄弟，亦與八萬四千人出家。復有二大臣，一名栴檀，二名須曼，王所愛重，亦與八萬四千人俱，於佛法中出家。蠰佉王寶女名舍彌婆帝，今之毘舍佉是也，亦與八萬四千婇女俱共出家。蠰佉王太子名曰天色，今提婆娑那是，亦與八萬四千人俱共出家。彌勒佛親族婆羅門子名須摩提，利根智慧，今欝多羅是，亦與八萬四千人俱，於佛法中出家。如是等無量千萬億眾見世苦惱，皆於彌勒佛法中出家。

215

# Maitreya

彌勒菩薩

彌勒思惟像　七至八世紀

「爾時，彌勒佛見諸大眾，作是念言：『今諸人等不以生天樂故，亦復不爲今世樂故來至我所，但爲涅槃常樂因緣，是諸人等皆於佛法中種諸善根，釋迦牟尼佛遣來付我，是故今者皆至我所，我今受之。是諸人等或以讀誦分別決定修妬路、毘尼、阿毘曇藏，修諸功德來至我所；或以衣食施人、持戒、智慧，修此功德來至我所；或以幡蓋華香供養於佛，修此功德來至我所；或以布施、持齋、修習慈心，行此功德來至我所；或爲苦惱眾生令其得樂，修此功德來至我所；或以持戒、忍辱、修清淨慈，以此功德來至我所；或以施僧常食、齋講設會、供養飯食，修此功德來至我所；或以持戒、多聞、修行禪定、無漏智慧，以此功德來至我所；或以起塔供養舍利，以此功德來至我所。善哉！釋迦牟尼佛能善教化如是等百千萬億眾生，令至我所！』

「彌勒佛如是三稱讚釋迦牟尼佛，然後說法而作是言：『汝等眾生能爲難事，於彼惡世貪欲、瞋恚、愚癡、迷惑、短命人中，能修持戒作諸功德，甚爲希有！爾時，眾生不識父母、沙門、婆羅門，不知道法，互相惱害近刀兵劫，深著五欲嫉妬諂曲，佞濁邪僞無憐愍心，更相殺害食肉飲血，汝等能於其中修行善事，是爲希有！善哉！釋迦牟尼佛以大悲心能於苦

# Maitreya

彌勒菩薩

交腳彌勒菩薩石雕　唐代

惱眾生之中說誠實語，示我當來度脫汝等，如是之師甚為難遇，深心憐愍惡世眾生，救拔苦惱令得安隱。釋迦牟尼佛為汝等故，以頭布施，割截耳鼻手足支體，受諸苦惱以利汝等。』

「彌勒佛如是開導安慰無量眾生，令其歡喜，然後說法。福德之人充滿其中，恭敬信受渴仰大師，各欲聞法皆作是念：『五欲不淨眾苦之本。』又能除捨憂感愁惱，知苦樂法皆是無常。

「彌勒佛觀察時會大眾心淨調柔，為說四諦，聞者同時得涅槃道。

「爾時，彌勒佛於華林園，其園縱廣一百由旬，大眾滿中，初會說法，九十六億人得阿羅漢；第二大會說法，九十四億人得阿羅漢；第三大會說法，九十二億人得阿羅漢。彌勒佛既轉法輪度天人已，將諸弟子入城乞食，無量淨居天眾恭敬從佛入翅頭末城，當入城時現種種神力無量變現。釋提桓因與欲界諸天，梵天王與色界諸天，作百千伎樂歌詠佛德，雨天諸華，栴檀末香供養於佛，街巷道陌豎諸幡蓋，燒眾名香其煙如雲。

「世尊入城時，大梵天王釋提桓因合掌恭敬以偈讚曰：

　　正遍知者兩足尊，　天人世間無與等，十力世尊

# Maitreya

彌勒菩薩

彌勒淨土變相　北宋

甚希有，無上最勝良福田！其供養者生天上，稽首無比大精進！」

「爾時，天人羅剎等，見大力魔佛降伏之，千萬億無量眾生皆大歡喜，合掌唱言：『甚為希有！甚為希有！如來神力功德具足不可思議。』

「是時，天人以種種雜色蓮花及曼陀羅花，散佛前地積至于膝，諸天空中作百千伎樂歌歎佛德。

「爾時，魔王於初夜、後夜覺諸人民，作如是言：『汝等既得人身值遇好時，不應竟夜眠睡覆心。汝等若立若坐，常勤精進，正念諦觀五陰無常、苦、空、無我。汝等勿為放逸不行佛教，若起惡業後必致悔。』

「時，街巷男女皆效此語言：『汝等勿為放逸不行佛教，若起惡業後必有悔。當勤方便精進求道，莫失法利而徒生徒死也！如是大師拔苦惱者甚為難遇，堅固精進當得常樂涅槃。』

「爾時，彌勒佛諸弟子普皆端正威儀具足，厭生老病死，多聞廣學，守護法藏，行於禪定，得離諸欲如鳥出殼。

「爾時，彌勒佛欲往長老大迦葉所，即與四眾俱就耆闍崛山，於山頂上見大迦葉。

「時，男女大眾心皆驚怪，彌勒佛讚言：『大迦

# Maitreya

彌勒菩薩

雍和宮大彌勒像

葉比丘是釋迦牟尼佛大弟子，釋迦牟尼佛於大眾中常所讚歎頭陀第一，通達禪定解脫三昧，是人雖有大神力而無高心，能令眾生得大歡喜，常愍下賤貧惱眾生，救拔苦惱令得安隱。』

　　「彌勒佛讚大迦葉骨身言：『善哉！大神德釋師子大弟子大迦葉！於彼惡世能修其心。』

　　「爾時，人眾見大迦葉為彌勒佛所讚，百千億人因是事已厭世得道，是諸人等念：『釋迦牟尼佛於惡世中教化無量眾生，令得具六神通成阿羅漢。』

　　「爾時，說法之處廣八十由旬長百由旬，其中人眾若坐、若立、若近、若遠，各各自見佛在其前獨為說法。彌勒佛住世六萬歲，憐愍眾生令得法眼，滅度之後法住於世亦六萬歲，汝等宜應精進發清淨心起諸善業，得見世間燈明彌勒佛身必無疑也！」

　　佛說是經已，舍利弗等歡喜受持。

守護佛菩薩9

# 《彌勒菩薩－慈心喜樂守護主》

編　　者　全佛編輯部
插　　畫　明　星
執行編輯　吳霈媜
美術設計　Mindy 大幻設計
封面設計　張育甄
出　　版　全佛文化事業有限公司
　　　　　永久信箱：台北郵政26-341號信箱
　　　　　訂購專線：(02) 2913-2199　傳真專線：(02) 2913-3693
　　　　　發行專線：(02) 2219-0898
　　　　　匯款帳號：3199717004240 合作金庫銀行大坪林分行
　　　　　戶　　名：全佛文化事業有限公司
　　　　　E-mail：buddhall@ms7.hinet.net
　　　　　http://www.buddhall.com
門　　市　心茶堂•新北市新店區民權路95號4樓之1（江陵金融大樓）
　　　　　門市專線：(02) 2219-8189
行銷代理　紅螞蟻圖書有限公司
　　　　　台北市內湖區舊宗路二段121巷19號（紅螞蟻資訊大樓）
　　　　　電話：(02) 2795-3656　傳真：(02) 2795-4100
初　　版　2002年11月
初版二刷　2013年07月
定　　價　新台幣220元
ISBN　978-957-2031-21-6（平裝）

國家圖書館出版品預行編目資料

彌勒菩薩/ 全佛編輯部編著 - - 初版. --
　臺北市：全佛文化, 2002[民91]
　面；　公分. - (守護佛菩薩；9)

　ISBN 978-957-2031-21-6(平裝)

1.菩薩
229.2　　　　　　　91019866

05
Buddha
Family
守護佛菩薩

# 觀音菩薩
## 大悲守護主

附〈心經〉、〈普門品〉、
〈耳根圓通章〉白話語譯

附大悲咒（梵音、藏音）教唸CD

A v a l o k i t e s v a r a

觀音菩薩的悲心深重，

對濟度眾生的種種苦難有特別的願力與護佑，

因應各類有情眾生的需要，

觀音菩薩以種種身形來施行無畏的救度，

使我們不生起恐怖畏懼，

而得到無限慰藉與清涼。

守護佛菩薩9

《彌勒菩薩－慈心喜樂守護主》

編　　者　全佛編輯部
插　　畫　明　星
執行編輯　吳霈媜
美術設計　Mindy 大幻設計
封面設計　張育甄
出　　版　全佛文化事業有限公司
　　　　　永久信箱：台北郵政26-341號信箱
　　　　　訂購專線：（02）2913-2199　傳真專線：（02）2913-3693
　　　　　發行專線：（02）2219-0898
　　　　　匯款帳號：3199717004240 合作金庫銀行大坪林分行
　　　　　戶　　名：全佛文化事業有限公司
　　　　　E-mail：buddhall@ms7.hinet.net
　　　　　http://www.buddhall.com
門　　市　心茶堂・新北市新店區民權路95號4樓之1（江陵金融大樓）
　　　　　門市專線：（02）2219-8189
行銷代理　紅螞蟻圖書有限公司
　　　　　台北市內湖區舊宗路二段121巷19號（紅螞蟻資訊大樓）
　　　　　電話：（02）2795-3656　　傳真：（02）2795-4100
初　　版　2002年11月
初版二刷　2013年07月
定　　價　新台幣220元
ISBN　978-957-2031-21-6（平裝）

**版權所有・請勿翻印**

國家圖書館出版品預行編目資料

彌勒菩薩/ 全佛編輯部編著 - - 初版. --
　臺北市：全佛文化, 2002[民91]
　面；　公分. - (守護佛菩薩；9)

　ISBN 978-957-2031-21-6(平裝)

1.菩薩
229.2　　　　　　　91019866

05
Buddha
Family
守護佛菩薩

# 觀音菩薩
## 大悲守護主

附〈心經〉、〈普門品〉、
〈耳根圓通章〉白話語譯

附大悲咒（梵音、藏音）教唱CD

Avalokitesvara

觀音菩薩的悲心深重，

對濟度眾生的種種苦難有特別的願力與護佑，

因應各類有情眾生的需要，

觀音菩薩以種種身形來施行無畏的救度，

使我們不生起恐怖畏懼，

而得到無限慰藉與清涼。

# 普賢菩薩
## 廣大行願守護主

S a m a n t a b h a d r a

守護我們的善願能迅速成就。

增強行動力與實踐能力。

清淨罪障,止息煩惱。

催伏一切障礙、災難。

增長智慧、無礙辯才。

# 地藏菩薩
## 大願守護主

K s i g a r b h a

守護我們遠離一切憂愁苦惱。

得到天龍八部的護念,功德日增。

菩提不退,衣食豐足。

疾疫不臨,遠離災障。

無盜賊厄,人人敬愛。

所求皆得,眷屬和樂。

得聰明利根,端正相好。